KB253952

명문 국제학교 입학하기

중국의 명문 국제학교 입학하기

초판 1쇄 인쇄 2012년 04월 25일
초판 1쇄 발행 2012년 04월 30일

지은이 ㅣ 김남희
펴낸이 ㅣ 손형국
펴낸곳 ㅣ (주)에세이퍼블리싱
출판등록 ㅣ 2004. 12. 1(제2011-77호)
주소 ㅣ 153-786 서울시 금천구 가산동 371-28 우림라이온스밸리 C동 101호
홈페이지 ㅣ www.book.co.kr
전화번호 ㅣ (02)2026-5777
팩스 ㅣ (02)2026-5747

ISBN 978-89-6023-783-4 13370

명문 국제학교 입학하기

김남희 글

무지하면 용감하다했나요.

그렇다면 저는 대단히 용감했습니다. 그래도 나름대로 변명을 하자면, 정말 몰랐습니다. 중국이라는 거대한 나라에 오게 되면서, 사전에 충분히 중국에 어떠한 국제학교들이 있는지 알아보지 못했으며, 막상 중국에 와서도 무엇을 어떻게 알아봐야 할 지 알지 못해 주변의 얘기나 인터넷에 남겨진 글들만 믿고 제 아이들의 학교를 정하였고, 저도 제 나름대로 해외생활에 어렵게 적응하느라 우리아이들이 영어로 수업을 받는 스트레스를 짐작할 시간도 없었으며, 학교에서 어떠한 프로그램과 교과과정이 진행되고 있는지 신경쓸 겨를이 없었습니다. 지금에 와서 보면 어떻게 그렇게까지 무지할 수 있는 지, 그 용기가 존경스러울 뿐입니다.

한국과 중국간의 인적 교류는 세계 어느 국가보다도 늘어나고 있으며 중국 내 한국유학생수가 10만여명에 이르고 매년 1만명 이상의 주재원 또는 사업가들이 중국에 새로 부임하고 있습니다. 더불어 중국어 교육이 필수인 시대가 되면서, 주재원 자녀 이외에도 많은 한국의 조기유학생들이 중국으로 유학을 오고 있습니다.

이렇게 한국계 기업 및 한국인들의 중국 진출이 많아지게 되면서 중국의 대도시에 소재한 국제학교에서는 한국 학생들이 가장 많은 비율을 점하고 있는 실정입니다.

그러나 한국 학부모님들의 부족한 영어실력, 학교 커리큘럼에 대한 이해부족 등으로 많은 시행착오를 겪고 있는 것이 사실입니다.

중국 경제도시인 상해, 소주, 북경의 국제학교에서 입학 담당자로서, 교사로서, 학생상담자로서 5년간 일하면서, 저와 같이 '용감하신' 부모님들을 자주 뵈었습니다. 아이들이 모두 백인백색이듯이, 그 아이들에게 맞는 학교는 모두 다릅니다. 가족들이 편안하게 사는 집을 구하실 때는 자세히 집을 살펴 보시는데도, 우리 아이들이 해외에서 하루의 대부분을 보내게 될 학교를 정하시는 데는 신중을 기하시지 않는 것을 뵙기도 합니다.

큰 학교에서 다양한 프로그램에 참여하고 많은 학생들과 어울리는 것을 좋아하는 학생들이 있고, 학생수가 많지 않은 작은 학교에서 가족 같은 분위기에서 공부하는 것을 좋아하는 학생들이 있습니다. 한국학생들이 많은 외국학교의 경우, 영어 실력 향상에는 도움이 되지 않을 수도 있지만, 새로운 외국생활에 적응하는 것이 좀 더 쉬울 수 있습니다. 북경과 상해에는 한국학교, 중국학교, 중국학교의 국제부, 순수 국제학교 등 정말로 많은 수의 학교가 존재하고 그 학교마다의 철학과 색깔이 모두 다릅니다. 아는 만큼 보이듯이, 중국학교와 국제학교를 이해하고 그 학교의 철학과 분위기를 파악한다면 우리 아이들의 색깔과 맞는 학교를 반드시 찾을 수 있습니다. 완벽한 학교는 존재하지 않아도, 우리 아이들에게 '맞는' 학교는 존재합니다.

학교를 선택하였다면, 입학 준비도 철저히 해야 합니다. 북경과 상해에는 많은 국제학교들이 있지만 원한다고 모두 원하는 학교에 입학할 수 있는 것은 아닙니다. 외국인 수가 많은 북경과 상해의 경우, 영어 사용권 학생들을 우선적으로 뽑기 때문에 소위 '명성 높은' 외국학교에 입학하는 것은 무척 어렵습니다. 따라서 입학하고자 하는 학교를 결정하였다면 우리가 직장을 구할 때처럼 원하는 학교를 잘 분석하고, 우리 학생들을 잘 마케팅하고 광고하여 입학을 신청해야 합니다.

이 책을 통해 중국 내 국제학교의 프로그램과 철학 등을 설명하였고, 입학 담당자와 학생 입학에 대해 논의를 하는 과정과 입학 후 학생들의 외국학교 적응방법에 대해 설명하였습니다. 더불어, 학생들과 교사들의 실제적인 경험담을 통해 보다 사실적인 내용을 알려 드리고자 했습니다.

이 책을 발간하기 위해 약 70여명의 학생과, 60여명의 국제학교 교사들을 만나 인터뷰하고, 50여개의 국제학교를 직접 방문하여 교실, 교장실 그리고 학교 식당과 운동장 등을 보았습니다. 학생들의 밝은 웃음, 교사들의 열정, 밝은 교실 분위기를 보면 학교를 객관적으로 평가하는 것이 무척 어렵기도 했습니다. 학교 스스로 자신의 학교를 이야기하도록 하였지만 최후에는 현미경을 통해 관찰하듯 학교의 문화를 직접 관찰하였고, 국제학교에서 5년간 국제학교 교직원으로 일한 경험으로 학교들을 보다 객관적으로 살펴 볼 수 있었습니다.

중국에는 많은 훌륭한 국제학교가 존재합니다. 그 안에서 우리 학생들은 다국언어(multi-lingual), 다국문화(multi-cultural)을 경험하고 새로운 국제인으로 커가고 있습니다. 동양과 서양의 장점들이 만나 새로운 신흥문화를 만들어 가는 것을 보는 것은 정말 큰 경험입니다.

중국에서 공부를 한다는 것은 영어와 중국어 교육뿐만 아니라 중국이라는 거대한 국가의 국제화를 경험할 수 있는 더없이 좋은 기회입니다.

부디 우리 학생들에게 맞는 학교를 잘 선택하시어 중국에서 학생들과 부모님 모두, 값지고 행복한 경험을 하시길 바랍니다.

김 남 희

중국 내 국제학교 입학 상담 및
예청 국제학교 한국지사장

educationisjoy@gmail.com

차례

학교 선택의 조건들

01

교과과정

중국 주요 도시에는 다양한 국가의 국제학교가 존재하고 있다. 중국어 교육이 필수인 시대가 되고 한국과 중국 간의 인적 교류가 세계 어느 국가보다 높아지면서, 중국어와 영어의 두 마리 토끼를 잡기 위해 매년 1만 명 이상이 중국으로 유학을 간다. 현재 중국 내 한국 유학생 수는 이미 10만 명에 이른다. 중국 내 국제학교들의 수업 내용과 교과 과정의 수준은 세계 상위권에 속하고, 이 학교에서 공부하는 한국 학생들은 매년 한국의 명문대학과 IVY 같은 해외 우수대학에 입학하고 있다.

이렇게 많은 국제학교들 중 우리 자녀들에게 맞는 학교를 찾기 위해서는 여러 가지 주요 사항을 꼼꼼히 살펴보아야 한다. 패키지 여행 상품을 선택할 때도 자신의 일정과 기호에 맞는 내용을 선택하듯이, 국제학교를 선택할 때도 충분한 사전 지식을 갖고 있어야 한다. 미리 유적지에 대해 예비지식을 쌓고 보면 그 유적지의 역사가 더 잘 이해되는 것과 마찬가지다. 학교 선택을 위해 살펴보아야 할 사항들이 많은데, 그 중에서 우선 가장 중요한 교과 과정부터 알아보자.

**중국 소재 국제학교 교과 과정은 IB, 영국 교과 과정,
미국 교과 과정으로 나뉜다.**

국제학교들이 채택하고 있는 교과 과정(curriculum)은 이미 세계적으로 인정받고 있는 IB(International Baccalaureate) 과정, 전통 있는 영국 교과 과정(UKNC-United Kingdom National Curriculum), 그리고 AP나 SAT 시험을 다루며, 일반적으로 우리가 '미국식'이라고 부르는 교과 과정, 이렇게 3가지로 분류할 수 있다.

교과 과정의 선택과 그것의 이행 방식은 학교의 운영 방식을 대변한다. 교과 과정은 IGCSE나 AP 시험과 같은 다양한 시험 준비, 학생들의 숙제와 수업진행 방법, 프로젝트부터 시험 혹은 전시, 더 나아가 학생과 학생, 학생과 교사와의 관계에까지 영향을 미치는 중요한 요소이다.

우선 영국 교과 과정은 영국을 비롯한 유럽, 홍콩 등 영국계 국제학교에서 채택하고 있는 영국 국가의 교과 과정이다. 한국은 서울, 경기, 제주 등 모든 지역에서 지역에 상관없이 하나의 교과 과정을 가지고 같은 내용을 배운다. 여기에 학교나 교사의 재량에 따라 학습 내용을 추가하거나 선행하기도 하지만, 기본 틀에는 큰 차이가 없다. 영국 교과 과정이 이와 같다.

이와 달리 미국 교과 과정은 한국의 자사고나 사립학교처럼, 특별히 정해진 교과 과정 없이 각 학교의 특색과 운영 방침에 따라 그 내용이 다르며, 같은 학교 안에서도 교사마다 수업 내용이 다른 경우도 있다. 정형화된 교과 과정이 없다는 것이 단점일 수도 있으나,

학생들의 역량에 맞추고 더 나아가 심화와 선행이 자유롭다는 점이 장점이다.

IB 과정은 영국계와 미국계에서 모두 선택이 가능하다. IB 과정은 세계적으로 그 내용과 과정을 인정받고 있는 국제적인 교과 과정이다. 일반적으로 IB는 고등학교 학생들이 배우는 과정이라고 알고 있으나, 초등학교에서부터 IB 과정을 하는 학교도 적지 않다.

그럼 이 주요 Big 3 교과 과정에 대해 보다 자세히 살펴보도록 하자.

1-1 영국 교과 과정과 IGCSE/A 시험
(The UK National Curriculum and IGCSE/A Exams)

이 교과 과정은 이름에서도 알 수 있듯이 영국에서 만들어진 교과 과정이다. 이는 국제학교에서 공부하는 많은 서양 학부모들이 주재기간 이후 본국으로 돌아갔을 때 학생들이 별무리 없이 본국 공부에 적응할 수 있도록 영국 국가 교과 과정을 바탕으로 국제학교에 맞게 보안된 것이다. 즉, 학생들은 영국에서 영국 학생들이 배우는 내용을 중심으로 국제학교에 맞게 영국사는 세계사로, 영국 지리는 세계지리로 배운다. 영국계와 유럽계 학교는 영국 국가의 교과 과정인 UKNC(United Kingdom National Curriculum)를 바탕으로 한다. 영국은 13학년제로 한국보다 반 학년이 빠르다. 한국의 1학년이 영국의 2학년(8월에 새 학기 시작)에 해당한다.

영국계 학교는 해리포터의 마술학교 분위기와 흡사하다. 전통과 규율을 중시하는 영국계 학교는 교복을 입으며, 정숙하고 예의 바른 학생들로 교육받는다. 대표적인 영국 학교는 Dulwich College(덜위치 학교)로서 상해, 북경, 소주에 캠퍼스가 있다. 홍콩계 영국 학교는 Yew Chung International School(YCIS, 예청국제학교)로서 상해, 북경, 청도, 황도, 중경, 그리고 연태에 있다.

영국은 11학년까지가(한국의 중학교에 해당) 의무교육이다. 영국 학생들은 11학년을 졸업하기 전에 중학교 졸업시험인 GCSE(General Certificate of Secondary Education)를 11학년 5월경에 치른다. 이 GCSE 과정을 국제학교 학생들에게 맞게 International한 내용을 추가한 것이 IGCSE(International General Certificate of Secondary Education)으로서 10학년에 IGCSE 과목을 선정하고 공부한 후 11학년 5월에 시험을 본다. GCSE에서의 영국 역사, 영국 지리 등의 내용이 IGCSE에서는 세계사, 세계 지리로 바뀌는 것이다. IGCSE는 4개의 필수과목(영어, 중국어, 수학, 과학)과 선택과목 3개, 총 7개 과목을 본인이 선택하여 공부한다. 점수는 각 과목당 A*부터 F로 나오며, C 이상이면 해당 과목을 통과한 것으로 인정한다.

이 교과 과정은 영국 정부가 교과 내용, 공연 기준점, 교육 자료 등을 고려하여 만든 것으로, 고등학교 말이 되면 학생들은 여러 과목을 다양하게 경험하고 공부하기보다는, 자신들이 선호하는 과목을 선택하여 깊게 공부한다. 이후 IB 학교로 승인받은 학교에서는 12학년과 13학년에 걸쳐 IB 과정을 공부하며, 그렇지 않은 학교에서는 영국 교과 과정이나 A-level 시험을 준비한다. 영국 교과 과정은 학생들 본인이 원하는 과목을 선택하여 공부하고 시험을 보기 때문에, 특정 과목을 어려워하거나 관심이 적은 학생들에게 큰 이점이 된다. 학생들은 광범위하게 공부하기보다 한 분야에서 전문적이고 집중적인 교육과 지식을 받는다.

규정화된 교과 과정은 비교적 안정적이다. 하지만 아무래도 영국 교과 과정이기 때문에 영국 중심의 내용이 많다. 그러나 국가 교과 과정 자체가 질적으로 우수하게 만들어져 있고, 이 교과 과정을 가르치는 교사들이 교과과정을 충분히 숙지하고 있으며, 수업 기준과 교과 과정 내용의 수준 또한 높아 크게 염려할 부분은 아니다. 또한 시대의 흐름에 맞게 그룹 작업(Group work) 및 토론 등과 같은 내용이 지속적으로 추가되고 있다.

하지만 모든 것에는 단점이 존재한다. 교과 과정이 규정되어 있고 계속해서 반복되기 때문에 교사들이 이 교과 과정을 지루하게 느낄 수 있으며, 이는 곧 학생들의 지루함으로 이어질 수 있다. 게다가 학생들은 자신의 관심분야를 선택하여 집중적으로 공부를 하게 되는데, 특히 학생들이 자신이 무엇에 집중해야 하는지 깨닫지 못하는 경우, 오히려 이것이 역효과를 낳을 수 있다. 하지만 한번 과목을 선택하면 다음 준비는 비교적 쉽다.

미국 교과 과정

앞에서 언급한 3개의 주요 교과 과정 중 하나인 미국 교과 과정은 학교마다 그 색깔과 내용이 다르다. 일반적으로 '미국식'이라고 부르는 교과 과정은 특별히 정해진 형식이나 틀이 없이 학교와 교사의 재량에 의해 수업이 진행된다. 따라서 미국 국제학교에 입학을 원할 경우, 해당 학교에서 어떠한 교과 과정을 바탕으로 수업을 하는지 확인하는 것이 좋다.

상해의 유명 미국 학교는 포동에 위치한 Concodia International School(콩코디아 국제학교)와 포동과 포서에 있는 Shanghai American School(SAS-상해 미국 학교)이다. 이 두 학교는 성적 우수자와 영어 우수자에 한해 입학이 가능한 명문학교이다.

북경의 대표 미국 학교는 International School of Beijing(ISB-북경 국제학교)로, 미국 대사관과 함께 협력해서 지었고 미국 대사관 자녀 뿐만 아니라 각 국의 대사관 자녀, 주재원 자녀들이 공부한다. 세밀하게 계획된 우수 교과 과정과 교사진, 아이비 대학에 버금가는 학교 시설로 한국뿐만 아니라 전 세계 학부모들에게 인기가 높다.

☑ **특징**

　미국 교과 과정에는 저학년부터 고등학교까지 정해진 룰이나 프로그램이 없다. 수업내용과 교과서 그리고 지도 방법은 학교 자체적으로 결정한다. 고등학교에서는 AP(Advanced Placement) 과정과 영국의 A-level 등이 미국 형식으로 제공되기도 하고, 외부시험 전 혹은 졸업 전에 수업내용이 좀 더 심화되기도 한다. 영국 A-level과 같이 학생들은 AP 과정 중 배울 과목을 스스로 결정할 수 있다. 하지만 차이점은 A-level과 달리 AP의 마지막 시험과목도 학생들이 선택한다. 물론 높은 AP시험점수는 미국 대학 입학에 유리하다.

　미국 대학 입학을 위해 학생들이 고등학교 말에 준비하는 시험은 SAT 시험이다. SAT(Standard Aptitude Test) 시험은 유창한 영어 구사능력과 높은 수학 실력을 요구한다. 특정 대학과 아이비리그 대학에서는 SAT와 더불어 특정 과목을 추가로 한 SAT II 시험점수를 요구하기도 한다. 모든 SAT 시험은 학교 밖에서 이뤄지고, 일반적으로 시험은 학생 스스로 외부에서 준비한다.

　미국 대학에 입학하기 위해서는 AP와 SAT 시험점수 그리고 심화된 특별활동이 필수다. 미국 국적을 갖지 않은 국제학생들의 경우, 여러 AP 과정을 이수하는 것이 유리하기 때문에 학생들이 갖는 스트레스는 그만큼 크다. 미국 교과 과정을 채택하는 국제학교의 경우, 학생들 자신이 시험 종류와 시험과목을 선택하기 때문에 학생들 스스로가 열정을 가지고 공부하는 것이 학생들의 성공열쇠이다. 일부 미국 학교에서는 IB를 원하는 학생들을 위해 별도의 IB 반을 운영하기도 한다.

비단 미국 대학뿐만 아니라 한국의 대학들도 학생들을 선발할 때 시험점수 이외에 학생이 어떠한 특별활동과 경력을 가지고 있는지를 본다. 일반적으로 대학들은 교실 안과 밖에서 균형 있고 다재다능한 학생들을 선호한다. 리더십, 창작력, 문제해결 능력 등은 학생들의 활동 포트폴리오를 평가하는 기준이다. 미국 교과 과정을 채택하고 있는 우수한 국제학교들은 학생들 자신의 발전과 대학 입학을 위한 미래를 위해, 학생들에게 온실 같은 학교에서 벗어나 학교 밖에서 다양한 경험을 하도록 지도하고 있다.

☑ 장점과 단점

많은 사람들은 미국 시스템의 '태도'와 '분위기'를 선호한다. SCIS(Shanghai Community International School)는 순수한 미국 교과 과정을 선택하고 있으며 AP 시험을 준비한다. 비록 어린 학생들이라 할지라도 자신의 의견을 주장하고 권리를 찾으며, 교사와 학생들이 한 동지 같은 관계를 가진다. 학생들의 독립심을 위하여 학교에서는 학생들에게 많은 자유와 선택권을 부여한다. 하지만 보다 경쟁적인 분위기를 만들고자 하는 학교에서는 이런 분위기를 생성하기 어려울 수 있다. 우수한 국제학교의 경우, SAT 준비과정을 제공하고 AP 시험을 보도록 권장한다. 북경의 명문 국제학교 중 하나인 ISB(International School of Beijing)도 학생들이 다양한 경험을 할 수 있도록, 학생들을 수업 시간 이외에 오케스트라, 합창단과 같은 음악, 체육, 연극, 무술 등의 많은 프로그램에 참여시키고 있다. 더불어 미국식 교과 과정은 사고력과 창의력을 증진시키는 수업방식으로 획일적이지 않은 다양한 의견을 인정하기 때문에 학생들의 논술과 발표력이 상당히 높다. 하지만 반대로 정해진 교과 과정의 틀이 없어 교사가 수업내용과 수준을 결정하는 결정하기 때문에 무엇보다 교사의 인격과 실력이 중요하다.

1-3 IB

IB-International Baccalaureate

통상 우리가 부르는 IB 학위과정은 한국 또는 해외 대학을 진학하기 원하는 16-19세(미국 학제 11-12학년, 영국 학제 12-13학년에 해당)의 고등학생들을 위한 국제 인증 학위제도이다. 이 학위제도는 전 세계 학생들이 함께 공부하는 수능 과정과 같다. IB는 과정이 굉장히 세분화·전문화되어 있고 평가 기준이 엄격해서 전 세계 대학에서 그 권위와 수준을 높이 평가하고 있다. 서울대, 카이스트, 연세대, 고려대 등 국내 명문대학에서도 해외에서 IB로 고등학교를 졸업한 학생들을 인정해 주고 있어, IB 커리큘럼의 학교를 찾는 수가 계속 증가하고 있다. 해외 우수 대학에서는 IB 시험 우수 성적 학생들에게 우선순위, 특례 입학, 장학금 수여 등의 혜택을 부여하고 있다.

IB(International Baccalaureate) 프로그램은, 크게 초등교육 과정(Primary Years Program-PYP, 만3-10세), 중등교육 과정(Middle

Years Program-MYP, 만 11-16세), 고등학교 과정(Diploma Program-DP, 만 16-19세)의 3가지 과정으로 나뉜다. 이 모든 과정을 초등학교 과정부터 채택하고 있는 학교도 있고, IB Diploma(디플로마, 즉 IB 과정) 시험 준비를 위해 고등학교(영국계 Year 12-13학년, 미국계 Grade 11-12학년)에서만 IB 과정을 하는 학교도 있다. 모든 학생들이 Diploma 과정과 시험을 볼 필요는 없다. 희망 학생에 따라서는 IB Diploma 시험을 치르고 않고 IB 프로그램 인증서(Certificate)만을 받는 Certificate 과정을 할 수도 있다. 이 인증서로 유럽 대학에 지원할 수 있고 미국에서는 고등학교 졸업증으로 인정되나, 실질적으로 대부분의 우수 대학에서는 Diploma 과정을 마친 학생들을 우선적으로 선발하고 있다. IB 과정을 채택하고자 하는 학교는 반드시 IB 위원회로부터 IB 사용 승인을 받아야 한다. IB 위원회는 IB 교과 과정 실행을 원하는 학교를 직접 방문해 교사, 학교 시설, 도서관의 책 보유량, 학교의 IB 운영 역량을 엄격히 검사한 후 승인서를 발급한다.

☑ 특징

IB 과정은 다양한 단계의 과정을 거치지만, 교과 과정에 대한 주요 개념은 동일하다. 이 프로그램은 자원봉사, 독립적 사고방식, 주체적 교육, 학생들의 환경에 국제과목 통합과 같은 양질의 수업 내용을 중요시하는 동시에, 다른 나라 문화를 이해하는 데 깊은 견해를 갖도록 돕는다. 고등학교(미국 : Grade 11-12, 영국 : Year 12-13)에서 제공하는 IB 프로그램은 각 단계마다 모든 과목이 6개의 그룹으로 나눠져 있다. PYP(초등교육 과정)와 MYP(중등교육 과정)에서는 각 그룹을 언어, 사회·인간학, 수학, 과학과 기술, 미술, 개인적·사회적·신체적 과목으로 나누고, DP(고등학교 과정)에서는 A1(영어, 중국어, 혹은 한국어와 같은 모국어 심화 과정), 제2외국어, 과학, 수학, 개인과 사회학, 예술 분야 등 6개 부분으로 나눈 후, 각 분야에서 한 과목씩 선택하여 공부한다. 이 6개 과목을 Standard Level(SL-기본 수준)과 Higher Level(HL-심화 수준)으로 나눠 공부한 후, 고등학교 3학년 5월에 시험을 본다.

기본과 심화로 과목을 나누는 기준은 학생이 지원하고자 하는 전공과목이다. 전공에 직접적으로 연관되는 과목은 심화, 그 밖의 과목은 기본으로 나눈다. 대학의 입학 사정관이 어떠한 과목을 이수했는지, 그 과목의 점수는 어떠한지를 보기 때문에 과목을 정할 때 신중해야 한다. 중도에 과목을 바꿀 수도 있으나, 그렇게 되면 처음부터 다시 공부해야 하므로 처음에 과목을 선택할 때 자신이 가고자 하는 대학, 전공을 정하고, 학교 선생님들과 충분히 상의한 후 정해야 한다. HL에서 높은 성적을 받은 학생은 그 수준을 인정받아 대학 1학년 과정을 마친 것으로 인정받기도 한다.

☑ 점수

모든 IB 학생들은 반드시 12학년(영국계 13학년) 의 5월과 11월에 자신이 수강하는 과목들에 대해 시험을 치른다. 과목들이 많아 시험기간은 대략 한 달 정도 걸리며 IBO(International Baccalaureate Organization)에서 직접 채점한다.

IB 점수는 각 과목의 만점이 7점이며, 각 그룹에서 선택한 6개 과목의 총점 42점(각 그룹에서 선택한 과목당 7점 만점, 6과목×7점=총 42점 만점)에, TOK(Theory of Knowledge)와 Extended Essay(EE)의 3점을 합친 총 45점, 그리고 CAS(Creative, Action, Service) 기록을 합산하여 IB 디플로마를 수여받는다. EE(Extended Essay)는 자신이 선택한 6개 과목 중 한 과목을 골라 심층적인 논문을 쓰는 것이고, TOK(Theory of Knowledge)는 전 세계에서 이슈화되는 사건이나 현상에 대해 논문을 쓰는 것이다.

위의 내용을 정리해보면,

필수과목 아래의 총 6개 Group 중에서 6개의 과목을 선택해 공부한다.

Group 1 (제1언어) 모국어 과정으로, 중국 소재 국제학교는 영어와 중국어 중 선택할 수 있으며, 간혹 한국어, 불어, 스페인어, 일어 과정을 제공하는 학교도 있다. 총 13-15개의 문학작품을 읽고 작품 프레젠테이션(구술시험), 비교분석, Unseen paper test(공부하지 않았던 작품을 분석) 등 구술과 서식 언어 능력개발을 교과목표로 하여 수업이 진행된다.

Group 2 (제2언어) 제2언어는 학생의 제2외국어 활용 수준에 따라 HL(High Level)과 SL(Standard Level)로 나뉘는데, 각 학교별로 제공하는 프로그램에 차이가 있다.

`Group 3 (사회 계열)` 이 그룹에는 경영, 경제, 지리, 역사, 정보기술, 철학, 심리학, 사회학, 문화인류학 등이 포함된다.

`Group 4 (과학 계열)` 생물, 화학, 물리, 환경, 기술 등의 과목에 실험실 실습 및 공동 연구 과정이 포함된다.

`Group 5 (수학 및 전산)` 수학 그룹에서는 학생의 능력과 관심에 따라 Mathmatics, Further Mathematics, Mathematical Methods, Mathematical Studies 등의 과정을 선택한다.

`Group 6 (예술)` 예술에는 미술, 음악, 공연 예술 등의 과정들이 있으며, 이를 통해 학생들은 창조적 예술 작업들을 탐구하게 된다. 단, 그룹 6과정을 원치 않는 학생은 그룹 1-4과정 중 한 과목을 추가로 선택하거나 그룹 5의 Further mathematics, Mathematical Methods, Mathematical Studies 중 하나를 택일해도 된다.

☑ 기타 필수 학습과정

`TOK(Theory of Knowledge 지식이론)` 교실 내부 및 외부에서 얻는 지식과 경험에 대한 본질적인 숙고를 강화하기 위한 코스이다. 이를 통해 학생들은 지식의 근간에 대한 의문, 실체와 이론에 대한 자각, 증

거를 분석하여 합리적 논쟁을 하는 방법들을 학습하게 된다. 쉽게 말해 지식이 어떻게 학습되는가를 배우는 과목이다. 내용의 수준이 높아 높은 영어 실력을 필요로 한다.

CAS(Creativity, Action, Service) 외부 활동과 경험을 통해 학생들이 학문 이외의 삶과 경험의 중요성을 알게 하는 데 그 목적을 둔다. 학생들은 CAS를 통해 최소 150시간 동안 학문과 관련은 없으나 자신의 에너지와 재능을 발휘할 수 있는 활동을 경험하게 된다.

EE(Extended Essay) 자신이 집중적으로 연구하고 싶은 과목을 우선 선택한 후, 그 과목에서 관심 있는 분야를 독자적으로 조사하여 5,200자 내외의 에세이를 작성하는 것이다. 내용 수준은 대학 논문과 같으며, 대학에서 공부할 때 요구되는 조사, 연구 및 작문 능력을 학습하는 것이다.

이 모든 과목과 그룹의 분류는 IBO(IB 조직회)에서 만들고 관리된다. 교사들은 교과 과정을 선택할 수 있는 유연성을 가지고 있지만, 모든 과목을 IBO에 등록해야 하고, IBO를 통해 인정을 받아야 한다. IBO는 정기적으로 이 IBO에 등록된 학교들을 방문하여 감독하며, 교사들을 교육하고 자격증을 수여한다. IBO 웹사이트(www.ibo.org)에서는 교사들의 교육과 자격증에 대해 자세히 설명하고 있다.

☑ 장점과 단점

IB는 '결과'를 중요시하는 교과 과정과는 달리 '과정'을 중시하는 프로그램이다. 따라서 이 과정을 이수하고 공부하는 학생들의 경우엔 폭넓은 교육과 경험을 통하여 자신들의 문제를 보다 비판적이고 현명한 견해로 해결하는 능력을 기른다.

또 하나의 장점은 모든 과목들이 6개의 그룹으로 잘 분류되어 있고, 여러 가지 과목을 다양하게 경험할 수 있다는 것이다. 더불어 이 6개의 과목뿐만 아니라 TOK와 EE 프로젝트, CAS를 통해 학생들은 교과공부 이외에 다양한 문화와 경험을 균형적으로 접할 수 있다. 이러한 우수성을 가진 프로그램은 단순히 학생들만을 위한 것이 아니라, 다방면에 관심을 가진 사람들에게도 적합하다. 하지만 이것이 IB의 단점이 될 수도 있다. 모든 학생들이 다방면에 관심을 가진 것은 아니기 때문이다. 즉 특정 과목에 깊은 관심을 갖고 공부하고자 하거나 특정 과목에 약한 학생들의 경우에는 적합하지 않을 수 있다. 현재 한국에서도 점차 IB 점수를 인정하고 있으며, 그 추세는 점차 늘어갈 것으로 예상한다.

1-4 그렇다면 어떤 교과 과정을 선택해야 하나?

중국에서는 여러 국제학교를 통해 다양한 교과 과정을 접할 수 있지만, 이 교과 과정들에 대한 견해와 의견은 분분하다. 이 세 가지 주요 'Big 3' 교과 과정은 각각 장점과 약점을 가지고 있지만, 여전히 중요한 차이점이 있다. 학생들이 입학하는 순간 그 차이점은 뚜렷이 나타난다.

무엇보다도 내용 중심적 수업 방식은 주로 칠판을 이용한다. 교사는 얘기하고, 학생들은 교사들의 수업 내용을 듣고 노트에 기록한다. 수업 중간에 질문 같은 교사와 학생들 간의 상호작용이 이루어지지만, 수업 내용은 비교적 간단하고 답변 내용도 한 문장을 넘지 않는 질문들이 많다.

반면 '사고 습관'을 중요시하는 IB와 진보적인 미국 교과 과정을 채택하고 있는 학교는 매우 달라 보인다. 학생들은 스스로 작품과 과제물을 만들고, 작거나 큰 그룹을 통해 프로젝트를 완성하고 교사와 그 문제를 논의하는 것이 주가 되며, 수업시간에 교사의 강의만을 듣는 시간은 적다. 특히 미국 학교의 경우 그룹 프로젝트에 부여하는 점수가 크다. 이는 개인적으로 제출하는 숙제 이외에 친구들과 팀을 만들어 함께 문제를 해결하고 숙제를 제출함으로써 공동체에서의 문제해결 능력이 어떤지를 보는 것이다.

두 번째로 이 'Big 3'에서 다른 점은 배움의 깊이와 폭에 관한 질문이다. IB 프로그램의 경우 모든 학생들은 6개로 분리된 교과 과목을 반드시 이수해야 한다. 학생들이 아무리 영리해도 이 폭넓은 교과 과정을 이수하기 위해서는 무조건 제2외국어를 배워야 하며, 화가가 되기 위해서 컴퓨터 과목을 선택하기도 한다. 반면 UKNC(영국 교과 과정)나 미국 교과 과정의 경우, 고등학교 졸업과 대학 입학을 위해 고등학교에서 자신 있는 과목을 선택하여 공부할 수 있다. 학교는 한 분야에 특별한 열정과 지식을 가진 학생들에게 그 분야에 대한 깊은 이해와 관심을 성취하도록 이와 같은 교과 과정을 추천하고 있다.

학생들의 성격과 기호도가 다 다르듯이, 그 학생들에게 맞는 색깔의 교과 과정 또한 모두 다르다. 영국 학교에 다니는 학생들은 교복을 입고 액세서리와 복장을 엄격하게 규율 받으며, 학생들이 배우는 과목과 교과 과정은 치밀하게 구성되어 있어, 엄격하고 정돈된 분위기를 선호하는 학생들에게 적당하다. 반면 미국 학교는 교복이 없고 자유 복장을 한다. 또 교사 주도형 학습이 아닌, 학생과 교사가 함께 문제를 의논하고 답을 찾아가는 자유롭고 능동적인 분위기다. 여기서 교사들은 학생들의 길을 안내해주는 가이드 같은 존재로서, 학생들이 스스로 자신의 문제와 목표를 깨닫고 진보할 수 있도록 지도한다. 수업 시간에도 틀에 짜인 교과 과정보다는, 교사가 본인 재량껏 학생들과 공부해서 그 내용이 심화될 경우 대학에서 다뤄지는 내용의 수업을 하기도 한다.

하지만 부모님들이 학교를 선택하기 위해 교과 과정을 고려할 때 당부 드리고 싶은 것은, 지나치게 영국 혹은 미국 교과 과정인지, IGCSE, IB, AP, SAT와 같은 시험 중 무엇을 준비하는지 등, 단순히 교과 과정 자체에 너무 큰 걱정을 하시지 말라는 것이다. 어떤 교과 과정을 선택하든지, 그 교과 과정에 대한 논쟁과 찬반 의견은 앞으로도 계속될 것이기 때문이다.

10년 전 IB 학위는 우수한 학교에 들어가기 위한 무료입장권 같은 것이었다. 하지만 많은 학생들이 우수한 성적의 IB 학위를 취득하게 된다면, IB는 더 이상 특별한 성과가 아닐 수도 있다. 하지만 학교의 대다수 학생들이 높은 IB 점수를 낸다면, 그 학교는 우수한 학교로 평가된다. 그러므로 교과 과정만을 가지고 학교를 판단하는 것은 모순이 될 수도 있다.

교과 과정과 그 학교의 문화와 철학에는 어느 정도 연관이 있기 때문에 교과 과정을 무시할 수는 없다. 하지만 우선 학기제 규정, 기간, 교육 방식, 다양한 교과 과정과 시험의 다양성에 대해 알아본 후, 스스로의 가치 기준을 생각해봐야 한다. 우리 아이들이 배울 학습 내용에 중점을 둘 것인지, 아니면 다양한 국가의 경험과 내용을 흡수하고 경험하는 것을 기준으로 둘 것인지 먼저 생각해 보는 것이 중요하다. 학생들의 특징과 성향을 가장 잘 알고 있는 것은 그 학생들의 부모님들이다. 모든 학생들이 각기 자신의 색깔을 가지고 있다. 그러므로 그 색깔이 어느 곳에서 더욱 빛을 발할 수 있는지 심사숙고하여 학교를 선택해야 한다. 그 선택은 주변의 소개나 추천에 기대지 않고, 학부모님들이 자녀들과 함께 손을 잡고 학교를 직접 방문해볼 때 학생들에게 더욱 더 좋은 출발이 되지 않을까 한다.

학교 상담 시, 학부모님들께서 가장 많이 질문하시는 것이 한국 학년과 외국 학년의 비교이다.

미국 학제는 한국과 같이 8세(만6, 7세)가 1학년이며, 영국은 한국보다 학제가 6개월이 빠르기 때문에 한국의 7세 학생이 영국에서는 1학년에 해당한다. 그런데 한국은 새 학년이 3월에 시작하므로 한 해에 같이 태어난 학생들이 같은 학년이지만, 외국은 8월에 학년이 시작되기 때문에, 전년도 8월 말 생부터 다음 연도 9월초 생까지가 한 학년이다. 결국 미국제와 영국제는 1년이 차이난다. 따라서 영국은 1학년부터 13학년까지이고, 미국은 1학년부터 12학년까지 있는 것이다.

다음의 표를 보면 이해가 더 쉬울 것이다. 참고로 영국은 학년을 Year라고 하고, 미국에서는 Grade라고 부른다.

■ 영국 초중등 과정 학제(UK Education System) Year 1-Year 13

초등학교 (Primary School)	만 4세에서 11세까지(6학년) - Key Stage 1&2라고도 한다.
중등과정 (Secondary School)	만 11세(7학년) 에서 15세(11학년)까지 - Key Stage 3&4
고등학교 (Sixth Form)	만 16세(12학년) - 만 17세(13학년)

Dulwich와 YCIS(Yew Chung International School)로 본 영국 교과 과정 학년제

9월 1일 까지(만 나이)	영국계 학년	미국계 학년	Dulwich	YCIS	IGCSE/IB
1.5	Toddler				
3	Nursery			Kindergarten	
4	Reception	Pre-kindergarten	DUCKS		
5	Year 1	Kindergarten			
6	Year 2	Grade 1			
7	Year 3	Grade 2		Primary	
8	Year 4	Grade 3	Junior		
9	Year 5	Grade 4			
10	Year 6	Grade 5			
11	Year 7	Grade 6			
12	Year 8	Grade 7			
13	Year 9	Grade 8			
14	Year 10	Grade 9	Senior	Secondary	IGCSE 시작
15	Year 11	Grade 10			IGCSE 시험
16	Year 12	Grade 11			IB 시작
17	Year 13	Grade 12			IB 시험

■ 미국 초중등 과정 학제(UK Education System) Grade 1- Grade 12

초등학교 (ELEMENTARY SCHOOL)	Grade1-6
중학교 (JUNIOR SCHOOL 혹은 MIDDLE SCHOOL)	Grade7-8
고등학교 (HIGH SCHOOL)	Grade9-12

만 나이	미국제 학년	(비교) 영국제 학년
4	Pre-Kindergarten	Nursery or +4 Unit
5	Kindergarten	Year 1 / Reception
6	Grade 1	Year 2 / Primary 1
7	Grade 2	Year 3 / Primary 2
8	Grade 3	Year 4 / Primary 3
9	Grade 4	Year 5 / Primary 4
10	Grade 5	Year 6 / Primary 5
11	Grade 6	Year 7 / Primary 6
12	Grade 7	Year 8 / Secondary 1
13	Grade 8	Year 9 / Secondary 2
14	Grade 9	Year 10 / Secondary 3
15	Grade 10	Year 11 / Secondary 4
16	Grade 11	Year 12 / IB Year 1
17	Grade 12	Year 13 / IB Year 2

 하버드대학 국제부 입학부장과의 인터뷰

하버드대학 국제부장인 로빈 월쓰(Robin Worth) 씨와 3개 이상 언어에 능통한 학생들과 IB에 대해 얘기해보았다.

미국 친구인 존 브라운스(John Browns)는 하버드 출신이다. 이 친구는 미국에서는 자신이 하버드 출신이라는 게 큰 자랑거리가 아니었다. 또 누가 유명하지 않은 대학을 나왔다고 해서 다른 사람들이 그 사람을 낮게 보는 것도 아니라고 했다. 다만 아시아에 와서 아시아 사람들을 만나 자신이 하버드대학 출신이라고 하면 모두 자신을 다르게 본다는 사실에 적잖게 놀랐다고 한다.

우리는 좋은 대학에서는 그 명성에 맞는 양질의 교육을 제공한다고 믿는다. 그리고 무엇보다 유명한 대학을 선택하는 이유 중 하나는 '인맥' 때문이다. 한국 사회에서 인맥은 우리 인생에 큰 영향을 미치는 중요한 요소이다. 자, 그러면 어떻게 하면 하버드대학에 들어가 '하버드 인맥'을 만들 수 있는지, 하버드 국제부 부장인 로빈 월쓰(Robin Worth) 씨에게 그 의견을 들어보자.

작자 중국에서 공부하는 한국 학생들의 경우는 대부분 영어, 중국어 그리고 모국어인 한국어를 비롯해 3개 언어에 능통합니다. 이것이 하버드에 입학하는 데 도움이 되나요?

로빈 월쓰 우리 학교에 지원하는 모든 학생은 반드시 영어에 능통해야 합니다. 만약 영어 이외의 언어에 능통하다면 입학에 훨씬 유리하겠지만, 어느 학과에 지원하느냐에 따라 다르다고 할 수 있습니다. 우리는 외국인 학생(영어를 모국어로 하지 않는 학생)을 영어교육학과에 입학시키지 않고 있습니다. 물론 다양한 언어에 능통하면 좋겠지만, 그것이 영어를 교육시키는 영어교육학과와는 큰 연관이 없다고 판단되기 때문입니다. 반대로 아시아권에서 공부를 한 영어 사용권 학생들은 가산점을 얻을 수 있습니다. 하버드대학에 입학하기 위해서는 한 분야의 성공이나 요인만으로는 부족하다는 것을 이해하리라 생각합니다.

작자 학교에서는 IB 성적을 높이 평가하고 있나요? IB 성적은 졸업 전에 알 수가 없는데, 하버드에서는 IB 성적을 대신해 학생들을 어떻게 평가하고 있나요?

로빈 윌쓰 분명하게 말할 수 있는 것은 어느 교과 과정이나 시험도 완벽한 것은 없다는 생각입니다. 전 IB 프로그램이 아주 훌륭하다고 생각하고 만족하고 있습니다만, 우리 모두가 달성하고 완성할 수 있는 프로그램은 없습니다. 물론 IB의 높은 성적도 중요하지만, IB 프로그램 이외의 어느 프로그램을 배우더라도, 그 프로그램을 충분히 달성할 수 있는 학생을 찾고자 노력하고 있습니다.

질문하신 것에 답을 드리자면, 우리 학교는 IB 본사에 연락하여 우리 학교에 지원한 학생들의 최종 예상점수를 받을 수 있으며, 이와 같은 방법으로 A-level 시험을 치른 학생들의 점수도 받습니다. IB 학교와 본사들은 학생들의 최종 예상점수를 가지고 있기 때문에, 우리 학교뿐만 아니라 전 세계의 대학들이 모든 학생들의 입학 시 최종 IB 점수를 이미 보유하고 있습니다. 만약 우리학교가(다른 외국 대학들도 포함) 학생들의 최종 IB 예상점수를 얻기 어려운 경우나 학교 측에서 예상점수를 알기 어려운 경우에는 지원자 이름을 'conditional acceptances(조건부 승낙)'에 올려놓습니다.

작자 하버드에 지원하기 위해 외국 학생들에게 특별히 도움이 될 만한 프로그램이 있나요? 아니면 외국 학생들은 미국 학생들에 비해 입학이 불리한가요?

 미국에서 공부하는 학생 및 외국인 학생은 입학전형에서 차별을 받지 않고 평등하게 선발됩니다. 하버드에서는 학생들의 지난 성적이 아니라, 앞으로 하버드에서 하버드를 빛낼 수 있는 학생들을 입학시키기 때문에, 우리는 각 학생들에게 동등하지만 개인적인 기준을 적용하고 있습니다. 우리가 매일 하는 말이지만, 하버드에 들어가기 위한 특별한 공식이나 정답은 없습니다.

이상은 하버드 국제부 입학담당 부장님으로부터 직접 들은 조언이다. 이 인터뷰가 하버드대학뿐만 아니라 다른 대학을 지원하는 데 무엇을 어떻게 준비하면 좋은지에 대한 일면의 해답이 되었기를 바란다.

하버드나 다른 유명 대학에 입학하기 위해서는 단순히 2개 혹은 3개 이상의 언어에 능통하다고 되는 것이 아니라, 그 언어를 달성하기 위해 자신이 얼마나 많은 노력과 땀을 흘렸는지를 학교에 광고할 수 있어야 하며, 높은 성적 이외에도 자신만의 개성과 능력을 가져야 한다. 이것은 수영을 배우기 위해 강으로 아이를 던지거나 나는 법을 가르치기 위해 나무에서 떨어뜨려야 한다는 것이 아니다. 하버드와 같은 유명 대학들은 자신들의 명성에 맞는 학생들을 찾고 있으며, 그 학생들을 판단하는 일정한 기준을 가지고 있지 않다. 이들 대학들은 성적만 우수한 학생을 뽑는 것이 아니라, 모든 학생들의 개성과 능력 또한 성적 못지않게 중요시한다. 자, 이제 모든 입학 준비는 학생들과 학부모님 몫이다.

역동하는 상해에서의 경험

최민규 - 미국 학교 12학년

시계는 새벽 4시를 가리키고 있었고, 난 호텔 창밖으로 세계를 향해 큰 날개를 펴고 날고 있는 상해를 내려다보고 있었다. 내 눈은 저 멀리 상해의 황포강을 직시하고 있었고, 마치 전쟁터에 나가기 전의 병사처럼 주먹을 불끈 쥐었다. 아마도 저 배들과 새들은 역사적 유적지가 많은 상해 포서지 역에서 이곳 현대 금융지역인 포동 지역으로 온 것이리라.

상해로의 긴 여정은 나를 완전히 바꿔놓았다. 난 내가 지금까지 살아온 편안하고 안정된 한국에서의 삶을 떠나 세계 대도시 중 하나인 상해에서 내 고등학교 시절을 시작했기 때문이다. 아버님 직장 발령으로 상해에 오게 되었으나 거의 마지못해 따라와서인지, 이 상해라는 도시에 쉽게 마음이 열리지 않았다. 그리고 나 자신에게 이런 최첨단의 도시에서 내가 지금까지 노력해서 얻은 내 주체성을 잃지 않을 것이며, 나 자신을 변화시키지도 않을 것이라고 다짐했다.

하지만 우리는 세계 어느 곳에 있든지 계속 변화하고, 싸우려고 노력하면 할수록 더 세게 맞는다. 불행하게도 인생은 계속 변화하며, 그 변화 속에서 여러 기회를 만나고 잡아야 한다는 사실을 알게 되기 전까지 일 년이라는 시간이 걸렸다.

그 결론에 도달했을 때는, 이미 내 고등학교 1년이라는 시간이 지나간 후였다. 그때서야 내가 만났던 기회들은 정말 가치 있는 것이었으며, 그것을 1년 전에 깨달았어야 한다는 것도 알게 되었다. 그 후로 나는 앞으로 어떠한 기회를 만나더라도 나 자신을 변화시키는 데 두려워하지 않겠다고 스스로에게 다짐했다.

나는 스포츠 팀에 들기 위해 체육관에도 자주 갔으며, 학생회 활동도 했다. 여자 친구에게 데이트 신청도 해봤고, 중국 명예단체에서도 활동했다. 또 댄스 반에 들어 춤도 추었고, 자원봉사 단체인 하비타트(Habitat)에 들어가 봉사도 했다. 그리고 밤늦게까지 밖에서 놀아도 보았고, 우등상도 받았으며 첫사랑도 해보았다. 난 기회와 위험을 당당히 받아들인 것이다. 물론 성공도 해봤고 실패도 해봤다. 하지만 나는 성공과 실패를 두려워하지 않았고, 그것으로부터 성장하고 배웠다.

이러한 경험들은 내 가치관을 변화시켰다. 나에게 배움이란, 역사시간에 연대기에 대해 얼마나 많이 외울 수 있는지, 수학시간에 얼마나 복잡하고 어려운 문제를 풀 수 있는지, 혹은 지난 화학시간에 몇 점을 받았는지가 아니다. 배움이란 오히려 학교 안에서가 아닌 학교 밖에서 얻어지는 것이라고 생각한다. 세계를 여행하고 해외에서 살면서 비록 내 집과 내 나라에서 가질 수 있는 안락함과 편리함은 없지만 그 이상의 가치 있는 것을 얻었다. 국제학교를 다니면서 국제인으로서 가져야 할 세계를 보는 눈을 가지게 되었고, 중국이라는 나라에서 동양의 귀중한 사랑을 배울 수 있었다. 영어와 중국어 등 새로운 언어를 배웠지만, 궁극적으로 역경에 대처하는 법과 살아가는 법을 배운 것이다.

오늘 나는 내가 중국에 처음 와서 보았던 황포강을 다시 한번 바라보고 있다. 지금 내 감정은 내가 상해에서 첫날 느꼈던 슬픈 감정과 거의 흡사하다. 내 슬픔의 이유는 상해가 아닌 다른 곳으로 가고 싶어서가 아니라, 이 거대하고 훌륭한 상해가 나의 고향과 같은 존재가 되었다는 것을 깨달았기 때문이다. 누구나 변화를 피할 수는 없듯, 나는 몇 달 후면 이곳 상해를 떠나 또 다른 새로운 나라에서 새로운 삶을 시작해야 하기 때문이다.

4년 전 상해에 처음 왔을 때는 초조하고 불안했다. 하지만 지금의 나는 강하고 대담하다. 나는 어떠한 새로운 환경이 다가와도 그것을 긍정적으로 받아들일 준비가 되어 있다. 하지만 내가 어디에서 무엇을 하든지 상해가 나에게 주었던 값진 경험은 잊을 수 없을 것이다. 내가 이곳 상해에서 만난 모든 사람들, 모든 추억들은 내 인생 여정의 영원한 동반자가 될 것이다.

02

EAL English as an Additional Language
프로그램이란?

> 고학년으로 올라갈수록 영어 사용이 능숙한 학생만이
> 상위권 국제학교에 입학할 수 있다.

EAL(English as an Additional Language)과 ESOL(English for Speakers of Other Language)이라 부르는 이 과정은 영어를 모국어로 사용하지 않는 학생들을 대상으로 학교에서 진행되는 영어 수업이다. ESL(English is a Second Language)이라고 부르는 학교도 있으나, 근래에는 'Second'의 두 번째라는 의미가 부정적일 수 있다고 해서, 추가라는 의미의 'Additional'로 많이 바꿔 부르고 있다. 각 학교마다 EAL과 ESOL 학생의 비율과 수업 내용, 그리고 수강 기간에 편차가 있다.

학교에 따라, 전 수업을 ESOL만 해서 학생의 영어 실력이 향상된 후 정규 수업을 받도록 하는 학교도 있고, 영어 수업시간 혹은 중국어 시간에만 정규 수업을 듣지 않고 ESOL 수업을 듣게 하는 경우도 있다. 그 이유는 어느 정도 영어 실력이 있어야 수업을 이해할 수 있기 때문에, 일정 실력 이상이 되어야 정규수업을 듣게 하는 것이다. 또 다른 학교는 정규 수업은 다른 학생들과 함께 다 받고 방과 후나 별도로 ESOL 수업 시간을 지정해서 수업을 받도록 한다.

ESOL 과정은 영어가 모국어가 아닌 학생들에겐 절대적으로 필요한 과정이다. ESOL 수업 시간에 차라리 정규 수업을 더 듣는 것이 도움이 된다는 부모님들의 마음도 이해하지만, 기초가 부실한 빌딩은 언젠가 금이 가고 결국 무너지고야 마는 평범한 진리를 잊지 마시기를 부탁드리고 싶다. 그러나 ESOL의 최소 수강 기간과 추가비용 여부, ESOL 교사들의 수업 내용 등은 부모님들께서 직접 확인해서 수강 기간이 지나치게 길게 책정되어 있지는 않은지, 별도로 돈을 지불해야 한다면 그것의 근거는 무엇인지 알아봐야 한다.

현재 북경 소재 국제학교 9학년에 재학 중인 김이지 학생은 학교 입학시험을 이렇게 기억하고 있다.

"저는 그저 실패해서는 안 된다는 생각만을 했어요. 제가 입학시험에 떨어졌을 때 우리 부모님이 저를 보고 실망하시는 표정을 상상하며 반드시 붙어야 한다는 생각만을 했습니다."

열심히 공부하고 노력하는 김이지 학생 부모님은 중국에 있는 국제학교는 다른 나라의 국제학교에 비하여 수준이 월등히 높으며 외국 대학으로 진학하는 데 전혀 문제가 없다고 한다. 하지만 영어가 모국어가 아닌 학생들로서는 모든 과목을 영어로 수업 받아야 하는 학교생활이 쉽지는 않지만, 그러한 역경이 오히려 보다 더 많은 시간을 들여 영어 공부에 전념할 수 있는 계기가 되었다고 한다.

불행하게도 이러한 과정이 김이지 학생의 경우처럼 모두 순조로운 것만은 아니다. 영어가 모국어가 아닌 학생들이 원하는 국제학교에 들어가는 것은 큰 장벽을 넘는 것처럼 어려우며, 입학 후에도 많은 어려움과 장애가 생기는 것이 사실이다. 좋은 학교에 들어가기 위한 경쟁률은 무척이나 높아서, 높은 영어 실력은 원하는 학교에 입학을 하기 위한 필수조건이다. 학교마다 EAL, ESOL 혹은 ESL(이후 EAL라 칭함)의 학생 비율을 정해놓고 있다. 따라서 처음 국제학교에 입학하거나 영어 실력이 정규 수업 수준에 비해 낮다고 여겨지는 경우, EAL에서 수업을 받아야 한다. 학교마다 그 수업 내용과 방식은 각기 다르나, 대부분 정규 영어 시간이나 중국어 시간에 정규 수업을 듣지 않고 EAL 교실에서 별도로 수업을 받는다. 학생의 영어 실력 향상에 따라 EAL을 듣는 기간이 달라진다.

예를 들어 ISB(International School of Beijing)는 유치원부터 저학년의 경우 EAL 학생 비율이 전체 학년의 10% 미만이고, 고학년의 경우에는 영어 실력이 우수한 학생들만 받고 있다. Dulwich College Suzhou(덜위치 소주 국제학교)를 비롯한 중국 소재 Dulwich 학교는 3학년부터(한국 학제 2학년에 해당) 일정한 영어 실력이 가능한 학생들만 입학 가능하다. 이외에도 대부분의 국제학교들이 높은 영어 구사능력을 가진 학생들만 받고 있으며, 고학년일수록 입학시험 내용이 어렵고 수준 높은 영어 에세이 실력을 요구한다. 그래서 한국 학생들이 국제학교 경험 없이 원하는 국제학교에 들어가는 것은 무척 어렵다. 특히 고학년인 경우엔 더욱 어렵다.

☑ EAL 과정의 성공 열쇠

지금 김이지 학생은 입학 후 느꼈던 압박감에서 벗어나 학교에 잘 적응하고 있다. EAL의 가장 중요한 성공 열쇠는 부모님이나 학교의 압박이 아닌, 본인 스스로의 노력과 모국어 실력이다. 많은 학부모들께서 단기간에 영어 실력을 늘려 국제학교 생활에 성공할 수 있는 방법을 묻곤 하신다. 이런 경우, 학생들이 영어에 되도록 많이 노출되도록 권하지만, 더불어 가능하면 부모님들이 학생들과 모국어로 대화하고 모국어 책을 더 많이 읽도록 권한다. 연구조사에 따르면, 모국어로 가족이나 친구들과 높은 수준의 대화를 할 수 있는 학생들이 외국어 대화 능력에도 큰 실력을 보인다고 한다. 아이들에게 모국어로 단순히 무슨 과목을 좋아하는지, 학교생활은 어떠했는지 하는 대화 외에도, 종교, 철학 그리고 문화와 같은 다양한 주제를 가지고 심도 있는 대화를 하는 것이 중요하다. 학교에서는 영어가 모국어가 아닌 학생들에게 영어 어휘력과 영어 대화 능력을 향상시키기 위해 노력하고 있으며 모든 수업을 영어로 하고 있다. 따라서 학생들의 모국어 교육 책임은 부모에게 있다.

여러 교육학자는 외국어를 공부하는 것은 단순히 그 언어를 이용해 대화를 하는 것뿐만 아니라, 자신을 둘러싼 세계를 다양한 관점으로 바라보고 이해하는 것이라고 말한다. 외국어를 배우고 많은 과목을 접하면서, 부모님들은 학생들에게 그들이 이전에 접해보지 않았거나 관심 없는 주제에 대해 질문하는 것이 좋다고 조언한다. 더불어 아이들과 함께 조사하고, 공부하고, 얘기해보는 것이 중요하다. 물론 모국어로!

그리고 또 다른 성공 열쇠는 긍정적인 자세로 EAL 수업에 임하는 것이다. 부모님들이 EAL의 장점을 이해하고 지지할 때, 우리 아이들도 즐겁게 EAL을 공부할 수 있다. EAL은 학생들의 장기적인 영어 공부에 있어 중요한 재산이며, 영어 사용에 대한 두려움을 없애 영어를 친숙하게 느낄 수 있는 가장 좋은 방법이다. EAL 과정을 거친 학생들은 이 프로그램이 단순히 영어 실력을 향상시키는 것뿐만 아니라, 영어를 배우는 과목이 아닌, 영어로 수업이 진행되는 과학, 수학, 역사와 같은 과목의 이해해도 많은 도움이 되었다고 한다. 이것은 한 분야에서 실력을 쌓으면 교육 전체적으로 볼 때 장기적인 이익을 가져온다는 것을 보여준다. 학생들이 EAL 시간에 즐겁게 공부하고 흥미를 느끼도록 부모님이 도와줘야 한다.

☑ EAL에 대한 잘못된 생각

국제학교 EAL 담당교사였던 카렌 플러드(Karen Flood) 교사는 EAL에 대한 학부모님들의 부정적인 생각이 학생들의 EAL 교육에 부정적인 영향을 미칠 수 있다고 걱정하며 이렇게 전한다.

"학부모님들은…, 자신들의 아이들이 하루 속히 EAL 프로그램을 마치기를 바랍니다. 이것은 정말 잘못된 생각입니다. 몇 분의 학부모님들은 학생들이 EAL 교육을 마치자 파티를 열어주시는 것을 보았습니다. 저희 학교에서는 EAL에 대한 학부모님들의 잘못된 견해를 고치고자 노력하고 있으며, EAL 수업이 학생들이 앞으로 국제학교에서 생활해 나가는 데 필수인 영어의 기반을 다지는 매우 중요한 교육을 받는 기회임을 이해시키고자 합니다."

이어서 그는 자녀들의 영어 공부 기초를 단단히 하기 위해 EAL 선생님들과 프로그램을 믿고 따르는 것이 좋다고 했다.

Dulwich College의 EAL 교사는 많은 학부모님께서 학생들이 EAL 시간을 위해 본 수업에서 나옴으로써 본 수업 내용을 놓치는 것을 우려하시는데 그럴 필요가 없다고 조언한다. 즉 EAL 내용은 본 수업 내용과 크게 다르지 않으며, 오히려 본 수업 내용을 좀 더 쉽고 상세히 설명하기 때문에 영어가 숙달되지 않은 학생들이 영어를 친근감 있게 배울 수 있어 영어 사용에 자신감을 가질 수 있다는 것이다. 이러한 EAL의 장점을 잘 이해한다면, EAL 프로그램을 보다 긍정적으로 생각할 수 있다고 말한다.

☑ 생각해볼 문제점

EAL 프로그램이 영어로 모든 수업이 진행되는 국제학교에서 필요한 영어 실력을 쌓는 데 가장 중요한 것은 사실이다. 여기서 더욱 중요한 것은 학부모님이 학교를 선택하기 전에 각 학교의 EAL 프로그램 내용과 교사들의 EAL 교육 경력 및 실력을 확인해보고, 등록금 이외에도 EAL 수업을 받기 위해 별도의 돈을 지불해야 하는지도 사전에 확인해봐야 한다. 몇몇 학부모님의 말씀에 의하면, 영어를 모국어로 하는 교사가 아닌 교사들이 EAL 프로그램의 수업을 진행하거나, 부모님과 상의 없이 너무 많은 시간과 기간을 EAL 수업에 치중하는 경우도 있다고 한다. 학생들이 지나치게 오랜 시간 EAL 수업을 받는다면 학교와 상의하는 것이 좋다. 이를 위해 부모님 스스로도 우리 자녀들의 교육 진행상황을 항상 주시하고 관리해야 한다. 특히 EAL 수업을 위해 학비 외에 별도로 돈을 지불해야 하는 경우는 학부모님들 스스로 학교 EAL 수업 내용과 EAL 교사들의 자질을 확인하는 것이 중요하다. EAL 수업이 학교의 영리를 위한 프로그램이 되어서는 안 되기 때문이다.

또 하나의 문제는 'Timing(시기)'이다. 언제 우리 아이들을 국제학교에 입학시키는 것이 좋은가에 대한 것이다. 어느 학년에 국제학교를 보내는 것이 좋은 지에 대한 물음은 많지만, 교육에 미치는 영향에 대한 의견은 무척 다양해서 정답이 없다. 하지만 연구조사에 의하면, 나이가 어릴수록 외국어를 흡수하는 능력이 뛰어나고 그만큼 외국어를 마스터하는 시간도 짧아진다고 한다. 한 EAL의 교사는 6세의 학생이 처음으로 영어를 배우기 시작하여 EAL를 완전히 마치는 데 2년 정도 걸리며, 이 기간은 학생의 나이가 많을수록 길어진다고 말한다. 전문가들이 권하는 이상적인 국제학교 입학 나이는 만 8세에서 만 11세이다. 가장 민감한 나이이기도 하지만, 이 나이 외 학생들은 모국어의 개념이 어느 정도 잡혀 있고 새로운 환경의 대처능력 또한 높은 것으로 나타났다. 하버드에서 교육학을 전공한 캐더린 스노우(Catherine Snow) 씨의 말에 의하면, 모국어 개념이 잘 정리된 학생들이 외국어 습득 속도도 빠르고 이해도도 높다고 한다. 또한 어린 학생들에게는 영어 책이 아닌 한국어 책을 자주 읽어주어, 국어에 먼저 익숙하게 하는 것이 매우 중요하다고 했다. 즉 국제학교를 다니기 전에 모국어에 대한 개념을 우선적으로 익히는 것이 중요하다는 말이겠다.

흥미로운 것은, 많은 학부모님들이 자녀들이 영어를 하루 속히 마스터하게 하기 위해 하루라도 빨리 국제학교에 보내고자 하는 의견과 전문가의 의견이 다르다는 점이다.

☑ 아이들의 행복

카렌 플러드(Karen Flood) 교사는 학생의 나이와 모국어 실력도 중요하지만, 무엇보다 중요한 것은 학교의 목표와 학부모의 요구가 일치해야 한다고 말한다. 그래야지만 우리 학생들이 원하는 목표를 이루고 행복하게 공부할 수 있다는 것이다.

학생들의 행복은 학부모님들이 가지고 있는 다른 어떤 문제보다 중요하다. 학생들이 얼마나 편안하고 자신감 있게 학교생활을 하는가는 학생들의 실력 성과에 가장 큰 영향을 미친다. 실제로 교우관계도 좋고 국제학교 생활을 즐기는 학생들은 영어 사용을 두려워하지 않으며, 자신감이 부족한 학생들에 비해 학업 실력과 영어 실력 향상이 월등히 높았다. 영어를 처음 배우기 시작한 학생들이나 영어가 모국어가 아닌 우리 학생들이 영어권 학생들에 비해 영어 실력이 낮은 것은 당연한 일이다. 그러니 학생들에게 영어 사용에 대해 부끄러움 없이 자신감을 가지도록 격려해야 한다. 더불어 부모님들도, 비록 영어 실력이 미흡하다 할지라도, 자녀들 앞에서 영어를 사용하는 것을 부끄러워하거나 두려워해서는 안 된다. 우리 자녀들은 부모님들의 그런 행동을 무의식적으로 따라하게 되기 때문이다.

국제학교에서는 다양한 인종의 학생들이 함께 공부한다. 그러다 보니 자연스럽게 문화차이와 언어차이로 인해 어려움을 겪는 학생들도 있다. 그래서 자신들만의 'comfort zone(마음에 맞는 친구들의 팀)'을 만들어버린다. 이러한 경우는 특히 한국 학생들 사이에서 많이 나타난다. 아무래도 모국어 사용이 편하다 보니, 한국 학생들끼리 팀을 만들어 다른 외국 학생들과 떨어져 다니는 경우를 종종 본다. 그런데 이것이 정말 아쉽게도 국제학교에서 누릴 수 있는 다양한 문화체험과 영어실력 향상에 아주 부정적인 영향을 미친다. 몇몇 국제학교에서는 이를 방지하고자 학교 내에서는 영어 이외의 외국어를 금지하고, 이를 어길 시에는 경고를 주는 규칙을 정하고 있다. 하지만 무엇보다 학생들 스스로 이 comfort zone에서 나와 새로운 문화를 즐기고 경험하고자 하는 마음가짐을 갖는 것이 중요하다.

물론 영어 교육과 EAl 수업이 적절하게 조합된 학교는 매우 이상적이다. 그러나 이런 학교일지라도 학부모님들은 신중하게 학교 선택을 고려해야 한다. 그 이유는 완벽한 조합이란 없고, 다른 학생들에게 맞는 조합이 우리 아이에게는 맞지 않을 수도 있기 때문이다. 몇세에, 어느 학교에서 공부하면 좋은지에 대한 모든 통계와 조사는 그말대로 통계와 조사일 뿐, 정답도 아니고 과학적인 자료도 아니다.

중국에 있는 많은 국제학교에서 우리 학생들은 영어와 중국어를 함께 공부하고 있다. 이것 또한 우리 아이들에게 2개 외국어를 동시에 배울 수 있는 더없이 좋은 기회이다. 하지만 무엇보다 중요한 것은 중국에 있는 많은 국제학교들 중 내 아이들에게 맞는 학교를 찾는 것이다. 이를 위해서는 아이들과 충분히 대화를 해야 한다. 내 아이들의 목표와 희망이 무엇인지에 대해 우선 얘기해야 한다. 그 방향에 맞는 학교가 내 아이를 위한 가장 '이상적인' 학교이다.

그 방향과 아이에 맞는 학교를 찾기 위해서는 무엇보다 우리 자녀들과 충분히 대화해야 한다. 피터(Peter) 학생은 "우리가 하는 얘기를 들어주고, 우리가 무슨 생각을 하고 느끼고 있는지 우리와 함께 대화해주세요."라고 우리 부모님들에게 말한다. 더불어 많은 전문가들이 조언한다. "지금이 아니면 우리 아이들은 나중에 우리 부모님들과 어떻게 얘기해야 하는지 모르게 될 수도 있습니다. 그러니 '지금 바로' 우리 아이들과 대화하세요."라고.

EAL 과정을 마친 학생의 경험

김현정 - 미국제 12학년

상해에서 3년을 보내면서 나에게는 기복이 많았다. 처음 국제학교에 입학했을 때 내가 영어로 할 수 있는 말은 오직 "안녕하세요. 저는 한국에서 온 김현정입니다."였고, 영어 실력 향상을 위해 11학년에 진학하지 못하고 10학년부터 시작해야 했다. 한국에서는 이미 10학년을 마쳤고 친구들은 모두 11학년에 다니고 있는데, 나만 다시 10학년을 다시 다녀야 한다는 사실은 나 자신을 스스로 자책하게 만들었다. 나는 이 세상에 혼자 남겨진 것 같았으며, 언어장벽으로 다른 친구들과 어울릴 수 없었던 나에게 학교는 지옥과 같았다. 나는 지금도 국제학교에 처음 입학난 날을 잘 기억하고 있다. 집에 돌아오자마자 펑펑 울었다. 하지만 외국에서 살아남기 위해, 그리고 언어의 장벽을 깨기 위해 최선을 다했고, 영어와 중국어 공부에 매진했다.

우리나라에서도 한자를 쓰고 있기 때문에 중국어는 수월하게 배울 수 있었다. 그래서 학교 수업시간에 배운 중국어를 복습하고 예습하는 것으로 중국어 공부를 해나갔다. 하지만 영어는 정말 어려웠다. 영어를 마스터하기 위해 할 수 있는 방법과 책을 모두 동원해 공부했다. 내가 여러 가지 시행착오를 겪으면서 깨달은 방법은, 영어 교과서를 계속 반복해 읽는 것이었다. 나는 유일하게 우리 학교에서 IGCSE를 1년 동안 배워야 하는 학생이었다. 한국에서도 상위권에 들기 위해 최선을 다했듯이, 국제학교에서도 좋은 성적을 내기 위해 나는 교과서를 계속 반복해서 읽고 또 읽었다.

첫 두 달 동안 난 매일 3시간씩 화학 교과서를 읽었고, 마지막에는 첫 페이지부터 마지막 페이지까지 4번을 읽었다. 이것은 그리 빠른 속도는 아니었지만, 화학에 사용되는 문장을 잘 이해할 수 있어 수업 시간에 좀 더 자신감 있게 참여할 수 있게 되었다. 다른 과목에도 같은 방법으로 적용했더니 영어 실력이 향상되는 것은 물론 다른 과목 성적도 많이 올랐다.

또 한국 학생들과만 어울리는 것이 아니라 다른 나라 학생들과도 어울리려 애쓰면서, 영어와 다른 나라 언어를 습득하는 데 노력했다. 지금 나의 가장 친구는 이태리 친구다. 한국 친구들이 많이 없어서 슬프기도 하지만, 다른 나라 학생들과 어울리려 했던 나의 결심은 나를 위한 최선의 선택이었고 지금도 후회하지 않는다. 다른 나라 친구들과 어울리면서 영어뿐만 아니라 다른 나라 문화도 익힐 수 있어 좋았다.

또 내가 쉽게 국제학교에 적응할 수 있었던 이유 중 하나는, 적은 학급 수와 친절한 친구들과 선생님들 덕분이다. 12학년에는 40여 명밖에 안 되기 때문에, 다른 학교에서 흔히 볼 수 있는 삼삼오오 같은 그룹 없이 모두 함께 가깝게 지낸다. 게다가 선생님들은 모두 친절하셔서 뒤처져 있는 학생들에게도 인내심을 가지고 기다려 주셨다. 입학 첫 해에는 선생님들의 도움을 정말 많이 받았다. 비록 나의 영어 실력이 완벽하지는 않지만, 국제학교 생활에 대단히 만족하고 있다.

나는 지금 12학년이고 5월에 IB를 마치며, 내가 지원한 대학들로 부터 답변을 기다리고 있다. 중국에 있는 국제학교를 다니면서 나는 동서양 문화를 잘 이해할 수 있어 참 운이 좋았다고 생각한다. 비록 다른 나라 학생들과 다른 문화에 적응하는 데 1년이라는 시간이 걸렸지만, 나 스스로의 인격과 사고방식이 많이 성숙되었다고 믿는다. 노력은 모든 장벽을 깨는 데 가장 중요한 요소이다. 나는 아직까지도 간혹 영어에 어려움을 느끼고 있고 문화적 차이에 당황하기도 하지만, 내 인생을 위해 열심히 노력하고 있고, 무엇보다 내 미래에 대해 낙관적이다.

국제학교 교사의 눈으로 본 한국 학부모와 한국 학생

난징 국제학교 EAL 부장

작자 많은 한국 학생들을 가르쳐본 경험을 가지셨는데, 얼마나 많은 학생들을 만나셨나요?

EAL부장교사 아마도 작자분이 어렸을 적부터 전 한국에 살았을 것입니다. 한국에서 10년 동안 한국 학생들을 가르쳤고, 중국의 국제학교에서 영어를 막 시작하는 학생들을 가르치는 EAL 교사로 20여 년가량 일했으니, 한국 학생들뿐만 아니라 한국 문화 또한 잘 알고 있다고 할 수 있습니다. 그리고 제 부인도 한국사람입니다.

작자 한국 학부모님들을 만나고 도와주시면서 느낀 문제점이 있으신가요? 한국 학부모님들의 좋은 점도 물론 많지만, 한국 문화를 잘 이해하시는 외국인 교사로서 한국 학부모님들에 대한 객관적인 의견도 가지고 계실 듯합니다.

EAL부장교사 한국 학부모들이 가장 잘못 생각하고 계시는 것은, 국제학교를 국제학교로 받아들이지 않고, 한국 학교로 생각하는 경우가 많다는 것입니다. 한국 학생들이 많은 국제학교에선 그 상황이 더욱 심각합니다. 우리 학생들이 다니고 있는 학교는 국제학교이고, 국제학교들의 교과 과정을 이해하고 인정해야 합니다. 우선 한국 어머님들의 가장 큰 불만은 한국에 비해 숙제가 적다는 것입니다. 그런데 알고 보면, 학교가 내주는 숙제를 완벽하고 제때에 제출하는 학생들이 많지 않습니다. 국제학교는 한국 학교와 달리 모든 학생들에게 동일한 숙제가 나가지 않고, 학생 수준과 나이에 맞는 숙제가 주어집니다. 수학을 잘하는 학생은 그렇지 못한 학생들에 비해 숙제 양도 많고 난이도도 높습니다. 상대적으로 수학이 약한 학생들의 경우에는 숙제의 양이 적고, 때에 따라서는 도전 과제가 나가는데, 그 도전 과제를 푸는 것은 학생들 스스로 결정할 수 있습니다. 따라서 선생님이 내준 숙제만을 해가는 것이 아니라, 그것과 연관된 많은 문제를 풀거나 자료를 조사해 가는 등 학생들 스스로가 자발적으로 노력해야 합니다.

작자 그러면 우리 한국 학생들이 외국 학교에서 좋은 성적을 내려면 어떻게 해야 한다고 보시나요?

EAL부장교사 국제학교에 오는 마음자세부터 단단히 해야 합니다. 국제학교를 오는 대부분의 학생들과 학부모님들은 '국제학교에 다니면 영어 하나는 제대로 배워가겠지' 하는 마음을 가지고 있고, 국제학교에 오면 공부를 한국보다 적게 해도 되겠지라는 생각을 합니다. 하지만 그것은 정말 오산입니다. 그리고 한국에서와 같이 학교 공부보다 방과 후 학원공부나 과외에 치중을 하는 경우가 있는데, 이 또한 잘못된 것입니다. 많은 과외와 학원 숙제로 인해 학교 수업시간에 힘들어하고, 심지어 수업시간에 조는 한국 학생들도 많습니다. 앞에서 말했던 것처럼 우리 학생들은 자발적, 독립적으로 공부해야 합니다. 우리 학생들에게 필요한 것은 숙제장이 아니라, 자신의 아이디어를 기록하는 연습장입니다. 한국 학생들은 내단히 총명합니다. 그런 학생들이 한국에서와 같이 열심히 노력한다면, 외국 학교에서도 좋은 성적을 거둘 수 있을 것이라 믿습니다.

03

2개 언어 학교 Bilingual School
중국어와 영어를 동시에

영어로 전 수업이 진행되면서 중국어를 하나의 수업시간으로 정해 수업을 하는 순수 국제학교와 달리, 수업이 영어와 중국어로 진행되어 두 가지 언어에 동시에 집중할 수 있는 학교를 말한다. 이런 학교는 중국 국가로부터 승인을 받아 외국과 중국의 교과 과정을 함께 병행하여 수업을 진행한다. 대표적인 2개 언어학교인 예청 국제학교(Yew Chung International Shool)는 홍콩계 국제학교로서, 한 학교에 중국 교장, 외국 교장 두 명이 함께 같은 업무를 하며, 공연과 학교 신문, 행사 등 모든 활동이 중국어와 영어로 진행된다. 특히 초등학교에서는 한 반에 중국 담임교사와 외국 담임교사가 함께 담임을 맡는다. 따라서 이곳 학생들은 중국어와 영어를 동시에 사용하여 공부하기 때문에 중국어를 하나의 과목으로 다루는 순수 국제학교에 비해 중국어 실력이 높다. 중등부 이상부터는 영어에 대한 비중이 많이 높아지지만, 학생들이 중국어를 사용할 수 있는 환경에 노출되어 있고 중국어에 대한 중요도와 비중이 높아서,

학생들의 중국어 실력은 순수 국제학교에 비해 매우 높은 편이다.

한국에서 중국어 교육에 대한 중요성과 관심이 늘어나고, 대학 입시에서 중국어 어학 시험인 HSK(The Hanyu Shuiping Kaoshi)가 토플이나 SAT와 같은 공식적인 점수로 인정받기 시작하면서 2개 언어학교의 인기가 상당히 높아졌다. 상해 Fortune학교의 영어 교과 과정은 국제 학위조직(International Baccalaureate Organization-IBO)의 영어 교과 과정을, 중국어는 상해 교과 과정을 수업하고 있다. 이런 교과 과정을 진행하기 위해 중국 현지교사와 외국 교사가 함께 일하고 있다. Fortune의 한 외국 교사는 "우리 학교는 두 가지 언어를 조화롭게 잘 병행하여 수업하도록 노력하고 있으며, 매주 다른 주제를 가지고 영어와 중국어로 함께 수업을 합니다."라고 전한다.

☑ 국제학교와 2개 언어학교의 차이점

국제학교와 2개 언어학교 교육의 질과 시설을 비교하는 것은 실질적으로 어렵다. 사람마다 학교를 판단하는 기준과 기대치와 목적이 같지 않기 때문이다. 하지만 2개 언어학교는 국제학교에 비해 교사들의 월급으로 지불되는 금액이 적기 때문에(2개 언어학교에는 중국어 교사들이 상대적으로 많다) 학교 운영비가 상대적으로 적어 부모들에게 청구하는 등록금이 국제학교에 비해 저렴하다. 이 점이 등록금을 많이 지원받지 못하는 주재원이나 교민들에게 아주 매력적이다. 이것은 비단 한국 학부모뿐만 아니라 일본, 대만, 홍콩 그리고 몇몇 유럽 국가의 학부모들에게도 마찬가지다. 하지만 근래에는 2개 언어학교도 등록금이 많이 인상되어 차이를 크게 느끼지 못하는 경우도 있다. 하지만 2개 언어를 동시에 배울 수 있다는 점은 2개 언어학교만의 큰 장점이라 할 수 있다.

하지만 문제는 좋은 2개 언어학교를 찾는 것이 좋은 국제학교를 찾는 것보다 훨씬 어렵다는 점이다. 상해의 경우 국제학교는 약 25개이지만, 순수한 2개 언어학교는 대략 5개에 그친다. 이러한 교육 시설의 부족 원인은 그 시설을 원하는 소비자의 부족 때문이다.

한국 부모님들에게 2개 언어학교가 매력적인 이유는 여러 가지이다. 그 중 하나는 영어와 중국어를 같은 비율로 수업하기 때문에 2개 언어를 동시에 배울 수 있다는 것이며, 또 하나는 집중 교육이다.

중국 국제학교에 자녀를 보내는 싱가포르인 그레이드 로(Grade Lau) 씨는 2개 언어학교로 학교를 옮긴 이유를 "우리는 사회적으로나 문화적으로 이질감을 느끼고 싶지 않아요. 그리고 그저 상해에 사는 또 다른 영어 사용 외국인이 되고 싶지는 않았어요."라고 설명한다.

반대로 북미, 호주, 뉴질랜드 등의 학부모님들은 순수 국제학교로 자녀들을 보내길 희망하는데, 그 이유는 모든 과목이 모국어인 영어로 진행되며, 교사들도 영어를 모국어로 사용하는 원어민이기 때문이다. 국제학교에서는 중국어를 제2외국어로 다루기 때문에 다른 외국어 교육과 같이 한 주에 3-4시간, 혹은 한 주에 2-3번의 수업을 진행한다. 그러므로 학교 수업만으로 중국어를 향상시키기는 쉽지 않다.

많은 학생들이 2개 언어학교에 어렵지 않게 적응한다. 그레이드 로(Grade Lau) 씨는 "우리 학생들은 국제화 시대에 살고 있는 국제인이므로 새로운 환경에도 쉽게 잘 적응한다."고 그 이유를 밝힌다. 2

개 언어학교의 많은 한국 학부모님들은 대체적으로 자녀들이 중국어와 영어를 동시에 배워 자연적으로 3개 이상의 외국어(다른 외국어를 추가로 수업할 경우)에 쉽게 능통하게 되는 데 만족하고 있다.

☑ 그렇다면 문제점은 없을까?

2개 언어학교 프로그램은 중국어를 모국어로 하는 학생들(중국 국적이 아닌 외국 국적 소유자에 한한다)과 아시아권 학생들, 그리고 영어를 모국어로 하는 학생들을 대상으로 한다. 상해에 있는 공립학교의 경우 중국어에 비중을 두기 때문에, 졸업 후 중국 고등학교나 대학교에 진학하는 경우가 많다. 반면 홍콩 재단인 상해와 베이징에 있는 예청 국제학교(Yew Chung International School-YCIS)는 영어를 집중적으로 교육시켜 졸업생들이 영어권 학교나 한국으로 진학하고 있다. 실제로 YCIS 졸업생 중 95%가 영어 사용권 국가로 진학하기 때문에 중국어 교육이 영어 수업과 같은 수준으로 병행되기는 힘들지만, 중국어를 국제학교보다는 집중적으로 배울 수 있기 때문에 중국에 있는 상위 10위권 대학에 진학하는 것이 용이하다.

또 하나의 문제점은 국제학교에 처음 입학하는 학생들의 경우, 중국어 실력 향상 속도에 비해 영어 향상 속도가 비교적 느리다는 점이다. 이는 한국에서는 한자 사용이 많기 때문에 중국어 습득이 영어보다는 쉬운 편인 데다, 서양 사람들에게 익숙하지 않은 학생들이 비교적 정서가 비슷한 중국 교사에게 편안하게 다가가기 때문이다. 하지만 언어습득 속도에 차이가 있을 뿐이며, 일정 시간이 지나면 결국 영어와 중국어 실력이 비슷하게 향상되므로 크게 걱정할 부분은 아니다.

실제적으로 2개 언어학교와 순수 국제학교를 구분 짓기는 어렵다. 이유는 중국의 많은 국제학교들이 중국어 교육에 대한 중요성을 인식하고 중국어에 대한 비중을 계속 늘리고 있는 상황이고, 베이징의 Beanstalk와 YCIS와 같은 중국계 국제학교들은 순수 국제학교와 같은 교과 과정을 제공함으로써 국제학교에 속하도록 노력하고 있기 때문이다.

더불어 개인이 운영하는 2개 언어학교의 경우, 교직원 수, 수업 내용과 질, 학급 수, 시설이 순수 국제학교에 비해 미약한 경우가 있다. 그러므로 2개 언어학교를 선택할 때는 학교의 실력과 교과 과정 등을 확실히 확인해야 한다.

중국 학교에서 영어 사용을 계속 늘리고는 있지만, 실제로 외국인 입학을 허용하는 학교는 그리 많지 않다. 입학을 허용하는 중국 학교 중 하나인 북경 소재 Ping He(핑허 학교)는 2개 언어학교이자 기숙사 학교다. 이곳에서 공부하고 있는 외국인 학생은 15% 정도이다. 그런데 그 학교 프로그램 운영자인 류 슈핑(Liu Shuping) 씨의 말에 의하면, 외국인 학생들을 위한 프로그램 운영의 경계가 모호하다고 한다. 학교 대다수의 교사들은 중국인 교사이며, 영어로 수업하는 과목은 오직 과학과 사회 과목뿐이기 때문이다.

그와 대조적으로 상해 연합 2개 언어학교인 Shanghai United Bilingual School(예전 Xie He학교)는 국제 코스(International Stream)라는 프로그램을 실행하고 있는데, 이 학교는 외국 교과 과정과 상해 정부에서 요구하는 교과 과정을 함께 실시하고 있다.

"우리는 일주일 중, 이틀은 영어의 날, 이틀은 중국어의 날로 정해 수업을 진행하며, 나머지 하루는 자신의 모국어를 쓰거나 본인이 원하는 언어를 사용하도록 하고 있습니다. 정해진 날에는 학생뿐만 아니라 교직원 모두 정해진 언어를 사용해야 합니다."라고 상해 연합학교 Maxine Lu 부교장은 설명한다. 400명의 학생 중 25%가 외국 학생이며, 교사의 절반은 영어가 모국어인 외국 교사이다. 외국 학생들은 중국 학교나 2개 언어학교 입학이 허용되지만, 중국 학생들은 외국인 여권 소지자를 제외하고, 국제학교나 2개 언어학교에 입학하는 것이 허용되지 않는다.

예청 국제학교 재단에서 운영하는 연태(Yantai), 상해, 북경(2011년 현재 설립 예정에 있음)의 예화 국제학교(Yew Wah International School)는 중국에서 유일하게 중국 현지 학생들과 외국 학생들이 함께 공부하는 학교이다. 이 예화 학교에서는 초등학교 과정까지 중국 교과 과정과 영국 교과 과정(UKNC)을 동시에 공부하고, 중학교 이후부터는 UNKC 과정에 집중한다.

결론적으로, 이런 국제화 시대에 국제 사회를 만족시키기 위한 많은 교육의 경쟁 속에서 학교를 선택할 때, 학교의 전반적인 분위기와 시설, 그리고 교직원을 자세히 살펴보는 것이 무엇보다 중요하다 할 수 있다. 결국 우리는 우리 자녀를 위해 학교를 선택할 때 두 가지 목적을 만나게 된다. 하나는 우리 자녀들이 양질의 교육을 받는 것이고, 다른 하나는 우리 자녀들이 행복하고 편안한 환경에서 공부하는 것이다.

중국 학생의 중국어 공부 조언-Tone Deaf
(중국어는 발음이 중요하다)

Shu Lin The과 Karmia Cao - 미국계 11학년

상상해 보시길 바란다. 지금은 중국어 수업 시간인데, 한 학생은 선생님에게 모르는 단어를 열심히 물어보고 있지만 정작 선생님은 학생이 무엇을 물어보는지 알 수가 없고, 학생의 어색한 발음에 모두 웃음을 참고 있다. 왜냐면 학생은 중국어의 '질문하다'의 뜻인 'wen'을 선생님에게 말하고 싶었지만, 이 학생은 선생님에게 키스를 해도 되는지 묻고 있기 때문이다. 'wen'이라는 발음은 성조에 따라 '질문하다, 냄새 맡다, 키스하다' 등으로 그 의미가 달라진다. 그래서 중국어 발음기호대로 중국어를 말했지만 성조가 틀려 그 의미가 잘못 전달되었다.

중국어는 4성이 있다. 1성은 음이 일정한 단음이고, 2성은 질문하는 것처럼 끝을 올리는 것이고, 3성은 음을 내렸다가 다시 올리는 음이고, 마지막 4성은 끝을 강하게 내리는 톤이다. 중국어는 성조를 가지고 놀이를 하는 언어와 같다. 이 성조를 표현한 중국 속담이 있는데, 그것은 '다음 4가지가 당신을 살찌운다.'이다. 그것은 'tang(탕)'이라는 중국어인데, 성조에 따라 '국, 사탕, 누워 있다, 뜨거운 것'으로 그 의미가 달라진다.

이러한 상황 때문에 중국어를 배우는 외국인들은 중국어 공부에

어려움을 가진다. 성조를 잘못 말하게 되면 식당에서 한 그릇의 '국' 이 나오는 것이 아니라, 한 그릇의 '사탕'이 나올 수도 있다. 또 다른 상황이 있었는데, 중국어를 막 배우기 시작한 학생이 선생님이라는 단어 'laoshi(라오쓰)'를 배웠다. 수업시간에 선생님을 부르기 위해 'laoshi'를 불렀지만, 선생님은 대답을 하지 않고 계속 칠판에 글을 적고 있었다. 학생은 계속해서 'laoshi laoshi' 했지만 여전히 선생님 이 대답하지 않자 포기하고 다시 필기를 했다. 그러자 선생님은 "나 는 선생님이지 나이 먹은 구식 사람이 아니에요."라고 했다. 그제야 학생은 'laoshi'가 성조를 달리하면 선생님이 아니라 '구식 사람'이란 의미가 된다는 것을 알았다.

한 남학생은 굉장히 허기가 진 상태로 식당에 들어가 여자 종업 원에게 주문을 했다. 자신이 최근에 배운 중국어를 이용해 'shui-jiao(수웨이지아오)'를 주문한 것을 스스로 대견하게 생각하고 있었 는데, 여자 종업원이 느닷없이 자신에게 몹시 화를 내더라는 것이 다. 영문도 모르고 식당을 나왔는데, 그 다음날 중국어 선생님으로부 터 'shuijiao'가 '잠자리를 같이 하자'라는 의미가 있다는 것을 알게 되 었다.

이와 같이 중국어를 배우기 시작할 때, 중국어 성조 완성의 길은 만리장성보다 길어 보인다. 하지만 여기 중국어를 배우기 위한 조언 을 몇 개 드리고자 한다.

1) 중국인 친구를 사귀어라

중국어를 배우려면 중국어를 자주 사용해야 한다. 중국인과 대화하다 보면 말하기 실력뿐만 아니라, 듣기 실력 또한 향상된다.

2) 큰소리로 말해라

머릿속으로는 단어가 생각나는데 입으로 말하려면 어려운 경우가 있다. 샤워를 하면서 연습하고, 택시 안에서, 물건을 사면서, 혹은 지나가는 중국 사람과 말을 하면서 중국어를 연습한다. 단, 정확한 단어를 사용하지 못해 상대방이 당황하거나 화낼 경우를 대비해 피할 자리는 먼저 마련해야겠죠? 하하, 농담입니다.

3) 자세히 들어라

중국인이 얘기할 때 그 사람의 입 모양을 자세히 보고 열심히 듣는다. 하지만 너무 열중해서 보면 상대방이 오해할 수도 있겠죠?

4) 앵무새가 되라

새로운 단어를 배우면 따라해 보는 것이 좋다. 정확한 발음이 나올 때까지 계속 반복해서 따라하다 보면, 나도 모르는 사이에 단어를 암기하게 된다.

5) 이 모든 것이 어렵다면…

사전을 찾아보는 것도 좋다. 그리고 그 단어를 영어, 한국어, 일어 등 다른 나라에서는 어떤 말로 표현하는지 같이 찾아보면 더 재미있다.

04

중국 공립학교

자녀를 중국 공립학교로 보낸 부모님들의 경험담을 들어본다.

중국 공립학교에 딸을 보낸 한 아버님의 경험담이다.

"중국 공립학교에서의 경험은 학생들에게나 부모님들에게 좋은 경험이 되는 듯하다. 내 딸은 베이징에 있는 중국 고등학교를 잠시 다녔는데, 우리 부부에게 잊지 못할 경험이 되었다. 우리가 딸의 입학 신청을 위해 중국 고등학교를 찾아갔을 때, 우리 딸은 그 고등학교에서 유일한 외국인이었다. 그리고 중국말을 전혀 몰랐던 딸에게 입학 후 몇 달은 쉽지 않은 시간이었다. 교실 안에서나 밖에서 하는 말들을 전혀 이해할 수 없었기 때문에 우리 딸은 중국어를 제2외국어로 선택한 외국 학생들을 위한 반(CSL-Chinese as a Second Language)으로 옮겨졌다. 그 당시 우리 딸의 나이는 16세였고, 그 반에 있었던 학생들은 9-10세 학생들이 대다수였다. 말할 필요도 없이 자기 나이 반밖에 안 되는 어린 '아이들'에게 우리 딸은 별난 존재였을 것이다. 나는 우리 딸에게 맞는 프로그램을 만들기 위해 학교를 자주 방문하여 교과 과정 담당자를 만났다. 학교도 우리 딸에게 맞는 프로그램을 제공하기 위하여 많은 노력을 해주었다."

베이징에 있는 팡카오디(Fangcaodi) 학교와 국제부를 가지고 있는 많은 상해 중국 학교에서 충분히 보상받을 만한 가치 있는 시간을 경험한 학생들이 많다. 남가현 학생의 경우, 중국 학교에서 유일한 한국 학생이었다. 하지만 중국인 동급생들과 같이 모든 교과 과정을 중국어로 수업 받았고 성적도 상위권이었다. 가현 어머니는 자신의 딸이 중국 학교에서 공부하는 것에 대해 대단히 만족해하고 있었다. "나는 우리 아이들이 중국 초등학교에서 공부하기를 바랍니다. 중국 초등학교를 다니고 나면, 아무 어려움 없이 중국어를 쓰고 말하고 읽을 수 있으며, 중국인들의 농담까지도 이해할 수 있게 됩니다. 과외를 받거나 국제학교를 다니면서 중국어를 배워서는 그렇게 될 수 없다고 생각합니다."라고 그 이유를 설명했다.

베이징의 한 뉴스 서비스인 Knight Ridder's에서 일하고 있는 팀 존슨(Tim Johnson)과 한국인 부인 전아은 씨는 8살인 딸 소피아(Sofia)를 팡카오디(Fangcaodi) 학교에 보냈다. "소피아는 학교 입학 전에 중국어를 거의 하지 못했습니다. 하지만 같은 반 동급생들이 소피아를 잘 도와주고 격려해줘서 빠르고 쉽게 중국어를 배울 수 있었고, 그 학교 선생님들, 그리고 친구들을 아주 좋아했습니다."라고 역시 만족스러워 했다.

하지만 팡카오디의 다른 학부모는 상반된 견해를 가지고 있다. "중국 교육체계는 복종과 암기 그리고 경쟁을 강조합니다. 반면 서양 교육은 자발적으로 문제를 해결하게 하고 서로 협력합니다. 두 체계 모두 훌륭한 학생들을 만들 수 있겠죠. 제 아이들은 서양식 교육을 4-5년 경험한 후 중국식 교육을 받았는데, 우리 아이들에게 문화적 충격이 아주 컸던 것 같습니다. 만약 우리 아이들이 처음부터 중국식 교육을 받았더라면, 중국 학교생활이 즐겁고 많은 것을 더 배울 수 있었을지도 모릅니다."라고 자신의 경험을 얘기해주었다.

연합뉴스에서 일하는 데이비드 리벨(David Rivell) 씨와 한국인 부인 김선희 씨는 두 딸을 Soong Ching Ling이라는 중국 유치원에 보냈다. 유치원이 집에서 아주 가까웠기 때문에 이상적인 선택이라고 생각했다. 두 딸은 중국 유치원에 가기 전에는 중국말로 겨우 인사를 하는 정도였다. 부부가 중국 유치원을 선택한 이유는 위치도 좋은 데다 중국어를 배우게 되지 않을까 하는 것이었다. 이 부부는 유치원인데도 수업시간이 많은 데 적잖게 놀랐고, 중국 교육은 놀이보다는 주입식으로 공부한다고 느꼈다.

같은 중국 유치원을 다니고 같은 중국 교육을 받아도, 중국 교육을 보는 학부모님들의 시선은 저마다 다르다. 하지만 우리 자녀들은 모두 탄력적이어서 어느 상황에서도 대부분 잘 적응한다.

"소피아는 숙제를 하고도 잘했는지 걱정하고 잘못 해가서 창피를 당하지 않을까 걱정하기도 했습니다. 이것이 중국 학교의 교육 환경을 나타내는 모습 중 하나라고 생각합니다. 제 딸은 수학과 중국어를 잘하는 편이나 너무 경쟁심을 갖지 않도록 격려하고 있습니다."

리벨(Rivell) 씨는 딸의 시계를 만들어가는 숙제에 대해 기억하고 있었다. 시계를 만들어가는 숙제를 받고 딸과 같이 큰 원 쟁반으로 동그라미를 그리고 숫자도 쓰고, 어떻게 시계바늘을 만드는 지 알아보고, 보드지로 만든 원안에 핀으로 시계 바늘도 꽂았다. 몇 주 후 각자 만들어온 시계를 전시하는 행사에 갔는데, 딸의 시계를 보고 놀랐다. 선생님이 자신과 딸이 만든 '엉성한' 시계를 아주 '완벽하게' 다시 만들어놓은 것이다. 그리고 전시된 다른 '완벽한' 시계를 보면서 과연 이 아이들이 저 시계들을 만들었을까 하는 생각이 들었다. 그 전시회를 나가면서 뭔가 잘못되었다고 생각했다고 한다.

교육체계 외에 중국 학교 교실에서 나타나는 또 하나의 현상은 교사 중심적인 수업방식이다. 우선 최대 50명이 되는 학생들을 관리해야 하고, 집단을 위해 개인의 욕구가 희생되어야 하며, 교사들을 존경해야 하는 중국 문화가 그러한 수업방식을 만들었다. 하지만 이 눈에 보이지 않는 교사에 대한 복종에 대해 존슨(Johnson) 씨는 그리 걱정하지 않았다.

"저는 그 문화에 대해 걱정하지 않습니다. 선생님들은 우리 아이들에게 자주 질문할 수 있는 기회를 주고 있고, 아이들에게 선생님의 말씀이 모두 맞는 것이 아닐 수도 있다고 얘기하곤 합니다. 영어 과목 선생님이 우리 아이들이 쓴 영어의 문법을 수정해서 보내곤 했는데, 우리 아이들에게 선생님의 수정 중 틀린 부분을 다시 가르쳐주고 선생님에게도 그 부분에 대해 알려주었습니다."

확실히 국제학교의 대략 10%에 해당하는 중국 학교 등록금은 꽤 매력적인 부분이다. 존슨(Johnson) 씨는 중국 학교의 등록금은 일반적으로 국제학교에 비해 저렴해서 실제로 경제적인 부담이 적었다고 했다. 더불어 중국 문화 체험을 원한다면 중국 학교만큼 좋은 장소는 없다는 점에도 부부가 동의했다. 하지만 로렌(Lauren)이 10살이 되면 국제학교로 옮길 생각이다.

"아이들이 중학교를 다닐 때는 그 부담이 커져요. 우리 아이들이 뒤처지기를 원치 않기 때문이죠. 솔직히 우리 아이들을 중국 중고등학교나 대학교로 보낼지는 확신할 수 없어요. 초등학교는 좋은 경험이지만, 고학년으로 올라갈수록 많은 단점이 눈에 띕니다. 지나친 경쟁, 독창성 결여, 다른 사람들의 결과물 표절 등이 그것입니다."

지금까지 중국 학교에 자녀들을 보내거나 보낸 경험이 있는 학부모님들의 의견에 대해 들어보았다. 중국 학교를 보는 시각은 개인적인 경험에서 나오는 것이기에 모두 다를 수 있다.

이러한 모든 장단점을 뒤로 하고 유치원을 결정하기 전에 가장 중요시해야 할 것은, 유치원 졸업 후에 자녀를 어느 교육 시스템으로 공부시킬 것인가에 대한 고민이다. 유치원 졸업 후의 진로를 결정한 후, 그 진로에 맞는 학교를 선택하는 것이 최선의 방법이라고 본다. 하지만 우리 아이들은 정말 스펀지와 같다. 우리 학부모님들이 고민하는 걱정과 염려와 달리, 우리 아이들은 모든 상황에서 자신만의 시간을 즐기는 법을 스스로 배운다. 국제학교든, 중국 학교든, 한국 학교든 우리 부모님들이 먼저 자녀들의 학교를 믿고 지원한다면, 우리 아이들도 그 학교에서 즐겁고 신나게 공부할 수 있을 것이다.

　중국에 있는 국제학교는 중국인이 아닌 외국인들 중 중국 체류 거류증(Z비자 소유자)을 소지한 학생들에 한해 입학이 허용된다. 이 거류증을 받기 위해서는 부모 중 한 분이 중국에서 일을 하고 있어야 한다. 단 18세 이상의 경우, 학교에서 보증을 서서 학생들의 거류증을 받아주는 경우도 있다. 간혹 불법으로 거류증을 받거나 관광비자로 국제학교에 입학하는 학생들이 있는데, 중국에서는 이를 엄격히 단속하고 있으니 절대 금지해야 한다.

　작자는 Tom Ulmet 씨를 만나 중국 학교들이 직면한 새로운 법적 상황에 대해 들어볼 수 있었다.

　Tom Ulmet 씨는 중국 예청학교(Yew Chung International Schools in China-YCIS)의 총교장이며, 이 학교 설립 전부터 상해국제학교연합(Shanghai International Schools Association-SISA)의 회장을 맡고 있다. 본 국제학교(Bonn International School)의 초기 감독으로 4년간 재직한 후, 예청 교육기관의 총 교장직으로 이직했고, 중국 교과 과정과 교과서 발전협회(Chinese National Center for Curriculum and Textbook Development-NCCT)에서 중국 국제학교 인가를 돕는 일을 하고 있다. 작자는 Tom Ulmet 씨를 만나 변해가고 있는 국제학교에 대한 중국 정부의 태도를 들어볼 수 있었다.

 국제학교를 인가하는 데 중국 체계를 적용하는 이유가 있나요?

 중국은 자국의 평가 기준을 가지기를 원합니다. NCCT는 국가 기관으로 교육부 부속기관입니다. NCCT는 NCCT 단독 혹은 명성 있는 다른 허가 기관과 협동하여 허가 과정을 발전시키는 권한을 가지고 있습니다. 중국에 국제학교가 급속하게 늘어남에 따라, 그 학교들의 합법적인 보증을 위해 애쓰고 그들의 재정 자원을 현명하게 사용하고자 노력하고 있습니다.

 예청 학교는 중국에 있는 학교 중 최초로 NCCT, 뉴잉글랜드 학교연합(New England Association of Schools and Colleges-NEASC), 그리고 국제학교연합(Council of International Schools-CIS)과 연합한 학교입니다. 그것에 대해 설명해 주시겠습니까?

 목표는 연합 허가의 가능성을 확인하는 데 있었습니다. YCIS 상해는 중국이 계획한 이 프로젝트에 속하게 되어 영광스럽게 생각하고 있습니다. 왜냐하면 다른 사고방식을 가진 국제학교와 중국이라는 나라 사이에서 다국적 문화, 다국적 언어의 교차점이 되었다는 것으로 인정받았기 때문입니다. 중국과 세계의 리더가 학교 목표인 2개 언어학교(Bilingual)인 예청 학교가 이번 프로젝트에 가장 적합한 학교로 여겨진 것 같습니다. 이 프로젝트는 아직 시작 단계입니다. 왜냐하면 중국 72개의 인가된 국제학교 중 오직 14개의 학교가 국제 허가증을 가지고 있고, 이 중 5개의 학교가 NCCT로부터 인증을 받았기 때문입니다.

 좋은 캠퍼스와 시설을 갖춘 중국 고등학교에서 국제부를 시작하고 있습니다. 이를 위해 중국 정부에서 외국 투자 학교를 줄이거나 제한할 것이라고 보시나요?

 그것을 예상하기는 힘듭니다. 새로운 규정은 중국인이 국제학교를 운영할 수 있으며, 현재로서는 이미 설립된 국제학교에 한하고 있습니다. 몇몇 국제학교는 성공적인 사례를 보였지만, 대부분의 학교는 그렇지 못합니다. 이유는 중국 현지학생들은 국제학교에 다닐 수가 없으며, 중국 대학시험인 gaokao(가오카오)를 치르기 위해 중국 교과 과정을 마쳐야 하기 때문입니다. 이러한 사실은 앞으로도 변하지 않을 것입니다. 외국 학생들은 중국 현지 학교에 다닐 수 있으나, 국제학교 질이 중국 학교보다 월등하게 좋기 때문에 그러한 경우는 많지 않습니다.

 장기적인 견해로 볼 때, 상해에 있는 국제학교와 2개 언어학교(Bilingual)의 미래를 어떻게 보시나요?

 2개 언어학교의 수요는 특히 중국어 분야에서 앞으로도 계속 늘어날 것입니다. 이유는 중국 현지 학교들이 2개 언어학교와 경쟁에서 이기려고 노력하기 때문입니다. 예청 학교 입장에서 볼 때, 이러한 경쟁 상황이 저희 학교에는 전혀 위협이 되지 않는다고 봅니다. 그것은 예청은 예청만의 독특한 문화를 가지고 있고, 중국인 학생들을 위한 중국어 교육과 외국인 학생들을 위한 중국어 교육을 계속해서 분리시키고 있어서입니다. 그리고 우리가 가진 중국어 교육의 경력과 재료는 세계 최고라 할 수 있습니다.

중국 현지 학생들과 외국 학생들은 같은 학교에서
공부할 수 없다. 다만…,

중국인이지만 외국 국적을 제외한 경우이다. 이것은 한국에 있는 국제학교에 실제 한국인이지만 외국 국적을 가지고 외국 학교에 입학하는 경우와 같다. 하지만 유치원은 예외다. 중국 정부는 중국 유치원에서 중국인과 외국인이 함께 공부하는 것을 그리 크게 염두에 두지 않기 때문이다. 중국인 부모가 자녀의 '외국 유치원 이름표'를 위해 천만 원이 상이 넘는 수업료를 기꺼이 지불한다면 유치원은 그들 모두를 환영한다. 외국 부모는 별도의 허가 없이 중국 유치원에 자녀를 보낼 수 있다. 몇몇 유치원들은 초등학교까지 연장시키는 허가를 받아 중국 학생들과 외국 학생들의 입학을 모두 허용하고 있는데, 어떻게 그러한 허가를 법적으로 받았는지는 알 수 없다.

베이징에 있는 펑챠오디(Fangcaodi) 학교와 리탄(Ritan) 고등학교, 그리고 상해에 있는 많은 초등학교와 중학교에서는 외국인 학생이 중국 학생들 반에서 수업하는 것을 허용하고 있다. 이 학교들은 외국인 학생들을 위해 별도의 지도를 해주고 있지만, 이 학교들은 순수한 중국 학교들이다.

국제학교와 달리 사립학교에서는 특별한 경우에 한해 중국 학생과 외국 학생이 함께 공부한다. 외국으로 유학을 가고자 하는 중국 학생들을 위한 국제부반이 있어 외국 학생들이 이 국제부로 들어와 공부를 하기도 하는데, 이 국제부는 외국 국제학교와는 다른 허가 과정을 거친다. 이러한 '공동 사업'적인 중국 학교에서는 외국 학생들을 받을 수 있지만, 국제학교의 경우 중국 여권을 소지한 중국 학생을 입학시킬 수 없다.

중국에 있는 모든 학교는 비영리단체입니다. 다만…,

명백하게 수익을 내는 학교를 제외하고는 그렇습니다. 실제로 중국의 많은 학교들이 손해를 보지 않고 운영되고 있다. 중국법은 교육 비영리단체와 교육 기업을 명확히 구분하고 있다. 지난 2003년 중국은 일정의 수익률을 나누는 조건으로 비영리 단체를 유치하도록 노력했지만, 이것이 법률화되지는 않았다. 결과적으로 중국에서는, 비록 학교들이 학교 운영으로 수익을 내고 있어도, 여러 가지 상황으로 볼 때 비영리 단체라고 규정지을 수 있다.

정리를 해보자면…,

WAB 학교 창립자인 사비나 브래디(Sabina Brady) 씨는 이 모든 상황을 이렇게 정리한다. "요컨대, 이 모든 것을 명확히 하자면 중국 학교의 국제부에서만 국제적(중국 교과 과정이 아닌) 교과 과정을 학생들에게 제공해야 하고, 그 학생들은 중국 국적을 가진 학생들이 아닌 외국 학생들이어야 합니다. 하지만 현실적으로 이 경계가 무척 애매모호한 것이 사실입니다."

05

방과 후 활동
After School Actitives-ASA

많은 국제학교에서는 다양한 방과 후 활동 프로그램을 운영하고 있다. 학교를 선택할 때 방과 후 활동 후 버스를 제공하는지, 학년에 제한은 없는지 확인해야 한다.

수업이 끝나는 학교 종이 울린다고 학교가 끝나는 것이 아니다. 학생들은 방과 후에도 다른 교실로, 운동장으로, 음악실, 연극실, 미술실 등 방과 후 활동(Afterschool Activities-ASA) 혹은 특별활동(Extracurricular Activities-ECA)을 위해 신나게 달려간다. 학교를 고를 때 방과 후에 교실 안과 밖에서 어떠한 방과 후 활동을 실시하고 있는지 알아보는 것은 필수이다.

☑ 왜 ASA인가?

비록 방과 후 활동이 학교를 선택하는 데 직접적인 원인이 될 수는 없지만, 방과 후 프로그램을 통해 새로운 친구들을 사귀고 새로운 기술을 배우며 영어를 향상시킬 수 있기 때문에 학생들에게는 아주 중요한 부분이다. 실제적으로 학생들은 교실 안에서의 정규 수업보다 자신이 선택한 프로그램을 통해 다양한 경험과 기회를 접한다. 더불어 학교에서 운영하고 있는 ASA 프로그램을 보면 학교의 목표, 가치, 장점, 심지어 운영 철학까지 엿볼 수 있다.

국제학교에 처음으로 입학하는 학생들과 학부모님들에게 ASA에 많이 참여하도록 권한다. 영어는 보고 읽기만 해서는 절대 실력이 향상될 수 없다. 방과 후 학생들이 다니는 학원이나 과외 모두 교사와 학생들의 대화 방식이 아니다. 그렇기 때문에 친구들과 무의식적으로 영어로 이야기를 나눌 수 있는 기회인 ASA는 영어를 시작하는 학생들에게는 영어에 대한 거부감을 줄일 수 있고, 더불어 같은 취미를 가진 친구들과 사귈 수 있는 일석이조의 기회이다.

☑ 무엇을 기대할 수 있나?

많은 국제학교에서는 IB(International Baccalureate)의 교과 과정을 바탕으로 하며, 그 중 몇몇 학교는 ASA를 통해 IB 교과 과정에서 배우는 내용을 가르친다. 학생들은 단순히 수업시간뿐만 아니라 즐겁고 자유로운 분위기에서도 '배움'을 경험하게 된다. 더불어 다양한 스포츠 활동을 통해 심신을 단련시키고, 운동의 즐거움을 배우며, 잠시나마 잔디 위에서 친구들과 뛰놀 수 있는 소중한 시간을 갖는다.

ASA에서 좋은 경험을 하신 한 어머님은 "우리는 15층 아파트에서 살고 있고, 함께 놀 친구들을 찾는 것이 어려웠는데, 학교에서 하는

ASA를 통해 아이들이 운동도 하고 친구들도 사귀어서 많은 도움을 받았습니다."라며 ASA를 적극 추천했다.

북경과 상해의 대도시에서는 학교에서 운영하는 ASA 외에 Sports Beijing과 Club Football과 같은 스포츠 전문 학원이 학교에서 ASA를 가르치는 경우가 많다. 이 학원들은 다양한 운동종목, 연령대, 실력별로 수준을 나눠 수업을 진행하며, 고학년들의 경우 해외로 원정경기를 나가기도 한다.

학교들은 이와 같은 운동 이외에도 취미생활, 음악, 연극 등 다양한 ASA를 제공하고 있다. 우리 학생들은 ASA를 통해 몸의 단련뿐만 아니라, 여러 가지 경험을 통해 긍정적인 사고방식, 자신을 존중하는 법, 다른 사람들과의 사회성을 고취시키게 된다. 그러므로 입학을 원하는 학교에서 어떠한 ASA 프로그램을 제공하는지 살펴보는 것도 좋다.

나의 방과 후 활동

김 준 - 미국제 8학년

우선 나의 뇌를 쉬게 해야 한다. 학교생활은 흥미롭지만 그렇게 쉽지만은 않다. 많은 지식의 습득, 운동장에서 달리고 축구하기, 악기 연주, 많은 과목 연구와 토론 등, 모든 지식을 나의 뇌에 담기 위해 나의 뇌는 하루 종일 일했다. 자, 이제 내 몸과 뇌에게 휴식 시간을 줘야 한다. 내 방과 후의 일들을 얘기해본다.

우선, 간단한 간식을 먹는다. 대부분의 국제학교들은 외곽에 있는 경우가 많기 때문에 학생들이 장시간 학교 버스를 타고 등하교를 한다. 그래서 대부분 점심시간이 빠른 편이다. 그래서 귀가할 때쯤엔 무척 시장한데, 이때 과자로 허기를 때우는 것이 아니라 과일, 샌드위치 등 몸에 좋은 것들로 잠시 비어 있던 위를 채워준다.

가끔 우리 아버지가 바보상자라고 부르시는 TV를 시청하기도 하는데, 절대 모국어가 나오는 채널을 보지는 않는다. 요즘 중국어 방송은 예전 같지 않고 수준이 무척 높아졌다. 가끔 보면, 외국 영화가 중국어 자막으로 방송되기도 하는데, 이것은 나에게 영어와 중국어를 동시에 익힐 수 있는 아주 좋은 방법이다. 계속 중국어 채널을 보다 보면 자주 들리는 중국어는 어느새 내 것이 되기도 한다.

나는 되도록이면 외국 친구들과 자주 만나려고 노력한다. 다행히도 내가 사는 아파트에는 같은 반 외국 친구들이 많은데, 이 친구들과 만나서 얘기하다 보면 내 영어 실력도 향상되어 굳이 영어 과외 선생님을 둘 필요가 없다. 그리고 이 친구들과 얘기하기 위해 친구들 나라에 대해 공부해보기도 하는데, 이것도 나에게 많은 도움이 된다.

이제, 내 눈을 쉬게 할 시간이다. 그저 침대나 소파 위에 누워 아무 생각 없이 누워 있어본다. 때로 좋아하는 음악을 듣기도 하는데, 이때는 어느 누구의 방해도 받지 않고 편안히 쉰다. 난 이 시간을 가장 좋아하는데, 왜냐면 부엌에서는 우리 어머니가 나를 위해 만드시는 맛있는 음식 냄새가 나고, 잠자리에 들기 전 교과목 숙제와 독서 숙제를 준비하는 시간이기 때문이다. 나는 이 시간을 즐긴다. 내 뇌와 몸이 푹 쉬어야 내일 학교에서 다시 활기차고 힘든 시간을 즐겁게 견딜 수 있기 때문이다.

06
학교 규모

작은 것은 아름답고, 큰 것은 다양한 기회를 제공한다

학교가 '큰지' '작은지'와 같은 학교의 규모가 학교를 결정하는 중요한 요인이 되기도 한다. 우선 규모를 규정짓는 요소에 대해 생각해볼 필요가 있다. 학교 건물의 크기인가? 아마도 이것은 특별한 의미가 없다고 본다. 건물 수가 많고 규모가 큰 학교의 경우에도 캠퍼스와 학년별로 건물을 분리해 놓아서, 실제로 학생들이 이용하는 장소는 제한이 있을 수 있다. 그러면 총 학생 수인가? 학교의 총 학생 수도 학교 크기를 결정하는 중요한 척도가 되겠지만, 총 학생 수보다 학년별 학생 수가 더 중요하다. 예를 들어 유치원 반의 300명과 고학년의 300명은 큰 차이가 있기 때문이다. 따라서 학생 수나 학교 캠퍼스를 보고 학교를 선택하는 것은 책 내용과는 상관없이 책 표지만을 가지고 책을 사는 것과 같다.

SAS(Shanghai American School - 상해 미국 학교)와 ISB(Interna-

tional School of Beijing)의 경우, 천 명이 넘는 학생들이 한 캠퍼
스에서 공부하고 있다. 건물도 학생 수도 크다. 하지만 학년별로 건
물이 잘 나눠져 있고, 교사들도 학생들 이름을 전부 외우고 있으며,
수업 시간과 내용이 학생들에게 잘 맞게 재단되어 있어 학생들이
안정적으로 공부한다.

☑ 과연 규모가 문제가 될까?

규모에 대한 논쟁과 견해는 다르지만, 규모가 큰 학교와 작은 학
교의 장점은 분명하다. 규모가 작은 학교는 개별적 지도와 교육 집
중도 면에서 많은 이점을 가지며, 이러한 목표를 이루기도 쉽다. 하
지만 규모가 작다고 해서 개별화가 반드시 잘되는 것은 아니고, 규
모가 큰 학교에서도 각 분야별로 개별화된 수업을 잘 진행하는 학
교도 많다.

학생 수가 적고 학생 대비 교사 수가 많거나 학급의 학생 인원이
적은 학교의 또 다른 이점은 많은 학생들이 보다 많은 활동과 기회
를 누릴 수 있다는 것이다. SAS와 ISB와 같은 규모가 큰 학교의 경
우, 많은 인원의 학생들이 스포츠 활동이나 다른 특별활동에 지원하
기 때문에 학생들이 원하는 클럽이나 활동에 참여할 수 있는 비율
이 낮다. 하지만 규모가 작은 학교 학생들의 경우엔 그러한 제한이
상대적으로 적어, 본인이 원하는 활동에 다양하게 참여할 수 있다.

상해 SCIS나 북경 BISS의 경우, 학생들이 상대적으로 적기 때문
에 학생들이 다양한 클럽 활동과 공연 등에 참여할 기회가 많다.
SCIS의 학부모인 로리 윌리엄스(Laurie Williams)는 "학생들은 자

신의 적성을 찾기 위하여 여러 가지 새로운 활동과 경험을 접해야
한다. 우리 아들이 큰 학교를 다닐 때에는 본인이 너무 원하던 농
구 활동 참여 가능 추첨에서 매번 떨어졌는데, SCIS에서는 원하던
농구팀에 들어 열심히 활동하고 있다."고 했다. 또 규모가 작은 학
교의 경우 300여 명의 학생 중 12명의 간부를 뽑는다면 경쟁률은
40:1 정도에 불과하다. 반면 규모가 큰 학교의 리더가 되기 위해서
는 많은 수의 학생들과 경쟁해서 이겨야 하는 상황에 놓여, 많은 국
내외 대학에서 학교 간부로서 일한 경험을 높게 평가하는 상황에
서 규모가 작은 학교는 이 점이 특히 부각된다.

☑ 상황에 맞게 적응하자

어느 누가 우리 자녀들을 위해 잘 짜인 교육 내용과 역사를 가
진 학교를 선택하고 싶지 않겠는가? 그럼에도 규모가 큰 학교를 선
택하는 부모님들의 답은 명확하다. 규모가 큰 학교는 서비스와 시
설 면에서 많은 장점이 있다. Concordia 학교를 다니는 한 학생의
어머님은 학교의 넓은 축구장과 도서관을 보고, 이 학교가 우리 아
들에게 아주 잘 맞을 학교라는 생각에 입학을 결정했다고 했다. 큰
학교에서는 규모가 작은 학교에서는 만들 수 없는 규모가 큰 클럽
과 학습 수를 제공할 수 있다. 규모가 큰 학교는 수영장과 농구장
등 다양한 시설이 많고, 학부모님들의 자원봉사도 활발하며, 도서관
의 책도 상당히 많다. 이러한 시설의 장점은 학업성과 결과로도 보
인다. 도서관과 여러 시설의 규모가 큰 SAS(상해 미국 학교)의 경
우, 상해 주재 다른 국제학교들에 비해 IB와 AP 점수가 상당히 높다.

  결국 학교의 성공 여부는 그 학교를 다니는 학생들의 성적으로 평가된다.

  반면에 학생들의 만족감, 성취감, 행복 면에서는 규모가 작은 학교에서 유리하다. 어느 학생은 작은 학교에서는 모두 자신에 대해 잘 이해하고 있었지만, 큰 학교에서는 자신의 이름조차 모르는 선생님들도 있었다고 한다. 학생들의 수가 적은 경우에는 교직원들과 학생들과의 관계가 가족 같다. 따라서 학생들은 학생 개개인이 아닌 가족의 한 구성원이 되어, 따돌림 당하거나 소외되는 일이 적다. 더불어, 교사들과 학생들의 관계가 돈독하여 학생들에 대해 의논하는 것이 용이하다. 또한 학생 수가 적다 보니 인종이나 성별에 관계없이 학생들이 모두 함께 여가 시간을 보낸다. 그러한 노력과 관심은 학생들의 학습 성과에도 많은 도움이 된다. 많은 클럽 활동에 참여하는 한 학생에게 그 이유를 물으니, "누구도 저에게 강요한 적은 없어요. 그런데 그렇게 해야만 할 것 같았어요. 그 말은 저를 믿고 있는 선생님들을 실망시키고 싶지 않았기 때문이에요."라고 답했다. 또 학생 수가 적으니 학생들이 가진 장기나 장점이 잘 부각되어 학교에서 격려를 잘 받음으로써, 학생들 스스로가 더욱 더 노력하는 모습을 자주 보인다.

  우수한 학생들은 어느 학교에서나 다 잘하겠지만, 다른 학생에 비해 도움과 관심이 더 필요한 학생들은 작은 학교가 적합하다. 하지만 도움을 주는 것과 응석을 받아주는 것은 분명 다르다. 북경 BISS의 저학년 교장인 Wayne Demnar 교사는 "우리는 학생들이 하는 놀이에 같이 참여하기보다는 약간 물러서서 학생들을 바라봅니다. 그들을 관찰하며 학교가 제공해야 할 서비스와 교육에 대해 객관적으로 생각하기 위해서 입니다."라고 했다.

비록 규모가 작아 큰 학교에 비해 시설 면에서는 부족할 수 있지만, 학교가 자신의 장점만 잘 활용한다면, 규모가 작은 학교에서 누릴 수 있는 혜택과 장점은 아주 많다. 작은 것은 아름다우므로.

학교의 크기에 따른 장점과 단점은 부모님들이 판단할 사항이다. 누구보다 자신의 자녀들을 잘 이해하고 사랑하는 부모님들에게 어느 학교가 자녀들에게 가장 잘 맞는지는 어쩌면 가장 쉬운 문제일 수 있다. 따라서 단순히 학교의 프로그램과 시설만을 볼 것이 아니라, 우리 자녀들이 어느 곳에서 가장 행복하고 인정받으며 다닐 수 있는 것인가를 우선적으로 고려해봐야 할 것이다.

오랜 친구들과의 우정

Nur Hazirah Jamal - 미국제 11학년

나는 제3문화 아이(Third Culture Kids-TCK)로서, 해외를 돌며 여러 매력적인 나라에서 생활했다. 처음에는 내 친척들과 옛 친구들이 그리웠고, 내가 보고 싶을 때 그들을 볼 수 없다는 것이 힘들었다. 하지만 다른 아이들처럼 부모님을 따라 새로운 생활에 적응해야 했다. 해외 이동이 잦았던 나는 어디서나 '새로운 학생'이었다. 진부한 얘기지만, 나는 이 말이 내 인생에도 해당되는 것 같았다.

내가 새로운 친구를 사귈 때마다, 난 이전 나라의 친구들을 배반하는 것 같았다. 그럴 때마다 나는 내 나라로 돌아가 친구들을 만나고 친척들과 시간을 갖고 싶었다. 어른스럽지 못한 생각이었지만, 그때는 어렸었기에 모든 것이 용서가 되었다. 시간이 지난 후 내가 깨달은 것은 나는 나 자신뿐만 아니라 내 주변 사람들의 마음까지 아프게 하고 있다는 사실이었다. 그래서 나는 지금까지 내가 만들어왔던 모든 반감과 벽을 깨고, 다양한 사람들과 친분을 쌓기 위해 노력했다.

지금까지 나는 3개의 다른 나라, 3곳의 국제학교에서 공부했다. 이런 경험을 통해 새로 만난 사람들과도 쉽게 친해질 수 있었고, 헤어지는 것도 그리 어렵지 않게 되었다. 왜냐하면 오늘과 같은 세상에서는 영원한 이별은 없기 때문이다. 내가 살고 있는 세상은 우리 부모님 세대와는 달리 각각의 나라로 나눠져 있지 않다. 전화, 이메일, 혹은 클릭 한 번이면 인터넷 채팅으로, 멀리 떨어져 있는 가족과 친구들과 만날 수 있다. 만약 시간과 노력만 있다면 개인 블로그는 더욱 더 편한 방법이기도 하다. 외우기 힘든 생일은? 우리 부모님들처럼 나이를 핑계대거나 아니면 www.birthdayalarm.com과 같은 문명의 혜택을 누려보는 것도 좋다.

몸이 멀어지면 우리가 아무리 노력해도 그 관계를 이어갈 수 없는 경우도 있다. 하지만 그렇다고 해서 어렵게 만든 소중한 인연을 쉽게 끊어서는 안 된다. 나는 내 나라인 말레이시아를 떠나 외국에서 제3문화 아이로 살고 있는 것이 쉬운 것은 아니다. 말레이시아 거리음식, 쇼핑몰, 태양, 해변가 등 많은 것이 그립지만, 나는 내가 어느 곳에 있든 내 친구들과 감정적으로 교류한다면, 우리는 영원히 함께한다는 것을 배웠다.

07

학비 비싼 학교
= 좋은 학교?

우리는 우리 삶의 질을 풍요롭게 하고 높이는 것들에 즐거운 마음으로 기꺼이 투자한다. '교육,' 즉 건강관리와 예술처럼 눈에 보이지 않는 무형의 것들은 그 가치와 가격이 부풀려지기 쉽다. 우리 대부분은 우리가 이해하는 가치에만 초점을 맞추고, 아무런 의심 없이 그것을 선택한다. 하지만 무엇이 더 중요한 것인지 잠시 더 시간과 여유를 갖고 생각해본다면, 그 결정이 달라질 수도 있다.

해외에 거주하며 이제 대학에 진학해야 하는 나이가 된 내 조카들은 몇 해에 걸쳐 유럽, 남미 등의 여름 캠프에 참여했다. 그 캠프들은 5-6주 동안 야외활동과 다른 나라 학생들과의 문화교류 등을 할 수 있도록 기획된 것이다. 조카들은 매년 여름 다른 캠프는 전혀 고려하지 않고, 시계태엽처럼 다시 그 캠프에 등록했다. 가끔 조카들에게 그 캠프를 그토록 좋아하는 이유를 묻곤 했는데, 확실한 이유와 설명을 하지 않아서 그들의 의중을 충분히 이해할 수 없었다. 하지만 조카들이 스스로 결정할 만큼 성숙하다고 생각했고, 캠프에 보내는 부모도 만족해하며, 그 캠프가 Sunday Times에서 추천하는 캠프 명단에 들어 있었으므로 괜찮겠다고 생각했다.

몇 년이 흘러 조카들을 캠프장에 데려다줄 기회가 있어 그 캠프장을 둘러보게 되었다. 그런데 그 캠프는 오래 돼서 곧 쓰러질 것 같은 농가 헛간에 지어져 있었다. 학생들은 캠프장 구석구석에 자리를 잡았는데, 몹시 비좁고 침대와 방은 몹시 열악했다. 식당과 부엌에는 천장이 없었고, 식탁은 곧 무너질 것 같았다. 내 기준으로는 캠프장이 참 위험해 보였다. 난 이곳에 머물고 싶지 않았지만, 조카들은 그곳에서의 시간이 만족스럽다고 했다.

이 책을 쓰기 위해 여러 학교들을 방문하면서, 그 캠프장에서의 경험이 떠올랐다. 각 학교들에서 광고하고 강조하는 장점들을 만나기 힘든 경우도 있었고, 심지어는 존재하지 않는 것들을 광고하는 학교도 있었다.

어떤 학교는 수영장을 깨끗하고 새것처럼 보존하기 위해 오직 하루 1시간 동안만 학교의 '멋지고 최신식의' 수영장을 사용하도록 학생들에게 허락한다. 어떤 유치원은 웅장하고 깨지기 쉬운 유리 재질로 된 예술품과 미술 작품을 학교에 전시한다. 외관상으로 볼 땐 아주 멋지다. 하지만 우리 학생들이 배울 수 있는 것은 '가까이 가지 마시오'라는 경고문이다.

그럼 과연 비싼 학비가 그 학교의 질을 판단하는 기준이 될까? 학교 시설과 위치가 학생들의 복지와 학교생활 만족도에 많은 영향을 미치는 것은 사실이다. 수영장, 멋진 실내외 체육관, 넓은 운동장이 있는 학교는 학비가 비싸고, 그만큼 학생들의 삶의 질 또한 높아진다. 교통이 편리한 도심이나 거주지 근처에 있는 학교들도 학비가 비싸지만, 교통비와 교통 체증에서 받는 스트레스를 줄이는 것을 생각하면 그만큼 가치가 있다. 그리고 추운 겨울 난방이 제대로 안 되는 학교보다는 비싼 등록금을 지불하더라도 난방 시설이 좋은 학교로 보내고 싶은 것이 부모의 마음이다.

그러나 명확히 정의 내리기 어려운 것들이 있다. 교사와 학생의 비율인데, 그 비율이 낮다면 주저 없이 높은 학비를 지불하고 학교를 선택할 것인가? 평판이 좋지 않은 학교도 교사와 학생 비율이 낮은 경우도 있다. 그만큼 학생들을 끌어들일 만한 매력이 없기 때문이다. 비록 '못 생긴' 학교들도 소문과는 다르게 '예쁜' 학교로 변해 있는 경우가 있다. 여러 문제를 거치면서 그 문제들을 해결하고자 경영자들과 교직원을 바꾸고 시설에 많은 투자를 했기 때문이다. 그래서 우리는 항상 두 눈을 똑똑히 뜨고 있어야 한다. 몇몇 학교들은 선생님과 학생들의 비율이 높은데 그 이유는 장소는 늘릴 수 없으나 학교 명성으로 인해 학생들이 계속 입학하고 있기 때문이다. 학교가 짧은 시간에 급속히 발전한 경우 교직원들과 마찰을 빚는 경우가 있는데, 이는 늘어나는 학생들을 충당하기 위해 많은 공간을 교실로 만들어서, 충분한 자리 공간을 갖지 못하는 교직원들이 스트레스를 받거나 그로 인해 의욕을 잃게 될 수 있기 때문이다.

시설과 학생 수를 제외하고도 비싼 학비가 주는 혜택은 많다. 음악, 미술, 무술, 각종 스포츠 교육, 최고의 AP, 화학 혹은 프랑스 교육과 같은 폭넓은 교육을 수업시간과 방과 후 활동을 통해 배울 수 있다. 물론 이런 교육을 받으려면 비싼 등록금을 내야 하지만, 학생들이 학교에 신나게 가고 싶어 하는 이유 중 하나라면 그 또한 충분한 가치가 있다.

☑ 교사, 교육 프로그램 그리고 전문성

외국에는 고등학교 졸업 후 대학 입학 전에 사회를 경험하는 GAP 과정이 있다. 국제학교에서도 이런 학생들을 받아 GAP 학생들이 예체능, EAL 보조 등을 할 수 있도록 한다. 이와 같은 많은 젊은 인턴 선생님들이 우리 아이들 교육 향상에 도움이 될까? 충분히 그렇다고 본다. 인턴 교사들은 대부분 활달하고 학생들과 세대차이도 적어 학생들에게 인기가 많다. 인턴 교사들도 경력이 많은 교사들과 일하고 작은 그룹을 지도하면서 많은 것을 배우게 되고, 학교 교사도 인턴 교사들의 도움을 받으면 좀 더 여유롭게 수업을 진행할 수 있기 때문에, 인턴 교사 프로그램을 잘 활용한다면 교사들, 학생들 그리고 학교 재정에도 모두 도움이 되는 일석 삼조의 효과를 얻을 수 있다.

교사들 월급도 생각해볼 문제다. 대부분 학비가 비싼 학교의 경우 교사 봉급도 높지만, 그만큼 우리 학생들도 높은 수준의 교육을 받는지는 알 수 없는 일이다. 교사 월급이 높은 학교와 그렇지 않은 학교를 비교해 봤을 때, 학생들의 성적에서는 큰 차이를 보이지 않았다. 또 경력이 많은 교사들에게 많은 월급을 주기 때문에, 교사들에게 지불하는 월급 총액이 늘어날 수 있다. 하지만 퇴직 교사들에게 별도의 프리미엄이나 연금 없이 교사를 채용할 수 있는 중국은 제외일 수 있다. 많은 학교에서 굳이 나이와 경력이 많은 교사를 채용할 필요는 없다고 생각한다. 2-3년 교육 경력을 가지면 교육에 어느 정도 베테랑이라고 생각하고, 비록 경력이 많지 않더라도 젊고 열정적인 교사가 경력이 많고 '까다로운' 교사들보다 낫다고 생각하기 때문이다.

교직원 능력만큼 중요한 것이 교직원들의 표준 작업량이다. 교사들에게 150여 명 이상의 학생들을 가르치도록 요구하는 학교들도 있고, 여러 반을 가르치거나 여러 가지 기술과 능력을 요구하는 학교들도 있다. 이 학교들이 학교를 위해 투자하는 것은 직원과 교사들이 아닌 시설과 학교부지 선정이다.

중국에 있는 많은 학교들이 현지 채용을 통해 지출의 많은 부분을 줄이고 있다. 중국인 교사들의 월급은 외국인 선생님 월급의 10-30% 수준이다. 그럼에도 불구하고 왜 많은 학교들은 해외에서 외국인 교사들을 우선적으로 채용할까? 그것은 그만큼 교육시장에서 외국인 교사들을 요구하기 때문이다. 또 하나 중요한 요인은 학생들 교육이다. 많은 외국인 교사는 국제학교에서 학생들이 배워야하는 지식과 내용에 대해 전문적이고 체계적으로 이해하고 있다. 그리고 영어도 중요한 요인이다. 고학년으로 올라갈수록 영어의 단어와 어휘, 그 의미들이 복잡하고 어려워지는데, 이를 중국인 교사들이 가르치는 것은 어려울 수 있다.

☑ 영리 혹은 비영리 학교

이 주제는 상당히 복잡한 문제이다. 왜냐면 중국에서 특히 상해와 북경 같은 대도시의 경우, 개인이 운영하거나 혹은 그 이익금이 다른 기관으로 이전되더라도, 공식적으로 비영리 학교로 설립되었기 때문이다. 비록 진정한 비영리 학교라 해도, 학비를 받기 때문에 그 구분이 애매하다. 다른 면에서 보면, 비영리 학교는 학교 이익을 교육적 부분에 투자하는 데 있어 약한 부분이 있는데, 이것은 오해의 소지가 있다. 소위 잘나가는 대부분의 국제학교는 영리학교다. 만약 그 학교들이 비영리 학교라면 학교 이윤을 저축, 학교 확장 그리고 학비 절감 등으로 이용할 수 있다. 영리학교의 경우, 비영리 학교처럼 자본 모금 운동이나 매주 열리는 가정 음식판매와 같은 수익금으로 학교를 확장하는 것이 아니라, 학교 기본 자산으로 학교를 확장한다. 영리 그리고 비영리 학교 모두 자본이자세(capital interest tax)을 내야 한다. 따라서 중국에 있는 국제학교와 중국 학교가 급격한 증가로 이윤을 남기고 있는 상황에서 비영리 학교는 어쨌든 이 대열에서 고립되어 있는 듯하다.

그렇다면 겉모습만 비영리인 학교에서 순수 비영리 학교를 찾는 방법은 무엇일까? 운영 실적을 관리하는 투자자에게 물어보면 바로 그 답을 얻을 수 있다. 혹은 투자자가 누구인지 알아보는 것도 방법이다. 순수 비영리 학교는(혹은 비영리 학교였던) 수익금이 직원 채용을 목적으로 사용되지만, 겉모습만 비영리 학교인 경우에는 부동산 업체나 다른 개인 투자자에 의해 운영된다.

08

유치원 교육

중국에서는 마치 매년마다 새로운 유치원 프로그램이 생겨나는 것처럼 생각될 때가 있다. 국제학교의 국제 과정, 개인 중국 유치원 그리고 한국 유치원 등 그 숫자가 엄청나게 늘어나고 있다. 다행히도 이전처럼 교사의 수업을 앉아서 눈으로 귀로만 듣던 예전 수업 방식은 더 이상 존재하지 않는다. 대신에 몬테소리(Montessori)와 다중지능(Multiple Intelligences-이후 MI)과 같은 프로그램이 많은 학부모님들의 지지 속에 인기를 얻고 있다. 이와 같은 프로그램이 우리 아이들에게 어떠한 도움을 줄 것인가? 그리고 이와 같은 이론적으로 훌륭한 교육 프로그램이 우리 아이들 수업시간에 어떠한 실질적인 방법으로 응용될 것인가? 실제로 북경과 상해에는 정말 많은 유치원들이 존재한다. 유치원을 선택하기 전에 이와 같은 질문들을 스스로에게 던져보는 것이 좋다.

많은 교육학자들은 학생들이 일렬로 정렬된 교실 의자에서보다는 오픈된 교실 분위기에서 자유롭게 반응하면서 더 많은 것을 배운다고 한다. 하지만 따지고 보면 이것은 수업 방식이 아니라 교실 배치 방법일 뿐이다. MI(다중지능)와 몬테소리는 교사보다는 학생을 중심으로 만들어진 교육 방법이다. 그럼에도 불구하고 이 두 프로그램에도 차이점은 존재한다.

다중지능(MI) 이론은 현 하버드 대학원 교수이자 보스턴 대학교 약학대학 신경학과 겸임교수로 있는 하워드 가드너(Howard Gard-ner)가 개발한 것으로, 우리가 기존에 알고 있는 IQ가 지능의 전부가 아니라, 언어적, 논리·수학적, 공간적, 자연 탐구적, 음악적, 신체운동적, 개인 이해적, 대인적 지성과 같은 8개의 지능으로 나눠져 있다는 이론이다. 아이비 아카데미(Ivy Academy-현재 북경에서 유일하게 MI 이론을 이용하고 있다)의 씬 매클렁(Sean McClung) 씨는 모든 인간은 8가지 지성을 가지고 있지만, 각각의 개인에 따라 그 장점과 약점이 다르며, 얼마든지 노력에 따라 일정수준까지 올라갈 수 있고, 이러한 이론을 수업시간에 학생 개개인에 맞게 적용하고 있다고 했다. 수업은 이 8가지 지능 발달을 위하여 고르고 다양하게 진행되며, 학생들이 자신의 영역을 넓힐수록 더 많은 것을 배우고 흡수하게 된다.

이 과정은 학생들이 자신의 강점은 유지하면서, 단점 또한 잘 발달되어가고 있는지 교사들이 세심하게 살피고, 더불어 단순히 종이에 문제를 푸는 방식보다는, 음악을 만들거나 모형을 만드는 활동 등을 통해 그 효과가 더욱 증대된다.

MI 학자들에 의하면, 지능은 때어날 때부터 정해져 있는 것이 아니라, 다양한 경험과 학습을 통해 습득된다고 한다. 또한 모든 학생들이 이 8가지의 지능을 모두 일정 수준 이상까지 충분히 올릴 수 있는데, 여기서 가장 중요한 열쇠는 학생들을 얼마나 잘 이해하고 그 학생에 맞는 프로그램을 운영하는가 하는 것이다. 이 부분은 몬테소리 철학과 일치하는데, 실제로 학생들에게 맞는 프로그램을 위해 이론과 실제 활동 간의 균형을 맞추기 위해 노력하고 있다.

최근 서양 부모들 사이에 몬테소리의 인기가 급증하고 있다. 북경의 국제 몬테소리 학교는 18년 전에 개교되었는데, 교사들의 풍부한 경험과 몬테소리의 교육관이 만나 학부모님들이 무척 만족하고 있다.

몬테소리의 철학은 모든 학습의 중심은 학생들이며, 교사들의 역할은 유아의 발달 단계와 흥미에 맞게 준비된 환경을 제공하는 것이다. 만약 학생들이 수학에 재능이 있을 경우, 학교는 학생들의 재능을 더욱 향상시키기 위해 수준 높은 수학 교재를 이용한다. 반면에 특정 과목에 약할 경우, 그 과목에 대한 흥미를 이끌어낼 수 있는 교재를 사용한다.

MSB(Montessori School of Beijing)나 MI 중심의 프로그램을 운영하는 Ivy Academy는 주기적인 설명회를 통해 교육 계획과 학교 운영철학을 학부모에게 교육시키기 위해 노력한다. 우선 부모가 먼저 학교를 방문해서 학교들을 충분히 살펴보고, 추후 자녀와 함께 우선적으로 선호하는 학교를 다시 방문하여 자녀들에게 맞는 학교를 선택해야 한다. 열린 마음을 가지고 학교를 방문하고, 그 학교들의 프로그램을 이해하고 열정을 느낄 수 있어야 한다. 그렇다면 적어도 학교를 보는 시야를 넓힐 수도 있고, 운이 좋다면 내 자녀의 탐구심에 맞는 완벽한 학교를 찾을 수도 있을 것이다.

한국 유치원 교육에 대해 한국에서 어린이집 교사 및 원장으로 재직하고(9년), 상해에서 D 유치원 원장을 지냈으며, 현재 M 유치원에서 교사로 근무하고 있는 손수진 선생님으로부터 조언을 들었다.

작자 한국 유치원에서는 어떤 교과 과정을 바탕으로 수업을 하나요?

손수진 교사 한국 유치원은 한국의 유치원 교육 과정에 따라 유아의 건강, 사회, 표현, 언어, 탐구 영역의 발달 수준에 맞추어 교육하고 있습니다.

작자 중국의 국제학교 유치원과 한국 유치원, 그리고 중국 유치원의 차이점은 무엇일까요?

손수진 교사 아시다시피 국제학교는 International Curriculum(국제 교과 과정)에 따라 수업하는 것과 달리, 한국 유치원과 중국 유치원은 자국의 유아교육 과정에 따라 교육합니다. 단 국제학교 유치원은 교육과정 중 중국어 과목을, 한국 유치원은 영어와 중국어 과목을 추가하여 교육하고 있지요.

작자 한국 유치원을 졸업하고 국제학교로 가는 친구들은 무엇을 준비하면 좋을까요?

손수진 교사 언어적인 면에서 보면, 한국 유치원을 졸업하고 국제학교로 진학하는 친구들은 원어민선생님의 말을 따라 수업을 받을 수 있고 의사표현을 할 수 있도록 준비하면 좋겠지만, 그것보다도 더 중요한 것은 외국인과 어울릴 수 있고 자신감을 갖는 것이 중요하다고 생각합니다.

작자 주요 도시인 상해에서 유치원 원장으로서 일한 경험이 있으시고 현재 또한 교사로 일하시면서, 국제·중국·한국 유치원 중 어느 곳을 보내야 할지 고민하시는 학부모님들에게 조언을 해주신다면?

손수진 교사 부모님들은 상해로 나오면 먼저 영어나 중국어를 익혀야 한다고 생각하십니다. 그러나 신체뿐만이 아니라 정서, 사회성 발달에 중요한 시기인 유아기에는 언어적인 면보다는 인성발달이 가장 중요하며, 모국어의 확립 또한 매우 중요합니다.

첫 번째로 인성발달 면에서는 국제학교나 중국 유치원에 다니게 되면, 먼저 선생님과 의사소통이 안 되는 어려움으로 인하여 유아가 큰 스트레스를 받게 됩니다. 자신의 의사표현을 하고 친구간의 관계를 교사가 알고 적절하게 개입해야 유아가 긍정적인 자아를 형성할 수 있고 또래와의 관계도 발달할 수 있으나, 이 욕구가 의사소통이 안 됨으로 해서 어려움을 겪게 됩니다.

또한 유아들은 모국어 확립이 되지 않은 상태에서 외국어를 더 많이 받아들이게 되면 모국어보다도 외국어가 더 편해지고, 이를 간과하다 보면 모국어를 잃어버리게 됩니다. 이것이 유아기, 초등학교 시절에는 외국어에 능통하게 보이지만, 중고등학교 시절이 되면 결국 모국어가 기반이 되지 못함으로 인해 외국어의 발전에도 한계가 오게 됩니다.

그러므로 저는 6세까지는 한국 유치원에 다닐 것을 적극적으로 권하며, 외국 유치원에 다니게 된다면 담임교사와 적극적이고 긴밀한 관계를 통해 유아의 심리상태를 항상 관리해야 한다고 봅니다.

09

국제학교 교사

　우리는 담임교사를 선택할 수는 없지만, 좋은 학교를 선택할 수는 있다. 그 무엇보다도 교사들의 수준과 능력은 그 학교의 가치를 평가하는 가장 중요한 기준이다.

　중국의 많은 국제학교들은 교사에 대한 새로운 패러다임을 가지고 있다. 많은 학교들이 좋은 명성, 학력과 경력, 더불어 동서양 문화에 익숙한 교사를 채용하는 데 많은 시간과 돈을 투자하여 학부모들의 요구와 조건을 만족시키고자 한다. 상해와 북경 같은 중국 대도시의 경우 국제학교에 지원하고자 하는 교사들의 수가 많아, 국제학교 교사 채용 시장은 중국에서 유망 업종이다. 학교에서는 학교 교과 과정을 원활히 수행하고 학생들을 교육하고자 음악, 중국어, 미술, 체육 그리고 그 밖의 다양한 특별활동과 과목교사, 학급 보조교사 등 여러 과목의 교사를 모집하고 있다. 이것은 우리 학생들에게 질 좋은 교육의 기회를 제공한다.

　하지만 재료가 너무 많으면 국이 넘쳐버리게 마련이다. 확실히 많은 학교들이 교사들의 경력과 능력을 강조하지만, 교사들과 경영진 간의 이해관계와 협조관계 또한 교사들의 실력만큼이나 중요하다. 따라서 학교를 잘 요리하는 훌륭한 주방장(학교 경영진)을 알아보고 찾는 것이 최선의 방법일 수 있다.

☑ 최고의 외국인 교사 채용

대부분의 국제학교에서는 교사들을 국제 채용 박람회를 통해 선발하고 있다. 채용 박람회가 열리면 세계 각지의 많은 교사들이 외국 학교장들과의 면담을 위해 박람회에 참석한다. 이때 교사들은 여러 학교장들과 면접을 한 후, 자신에게 맞는 학교를 찾는다. 이때 교사들이 학교를 선택하는 가장 중요한 기준은 학교 교과 과정 혹은 학교의 종교적 배경보다 그 학교의 문화이다.

박람회에 참석하는 대부분의 지원자 교사들은 많은 경력과 실력을 갖추고 있다. 교육학을 전공한 많은 교사들이 졸업 전후에 이미 국제학교에서 일한 경험이 있기 때문에 훌륭한 아이디어, 탁월한 기반과 열정을 가지고 있다. 국제학교에서는 '부부 교사' 채용을 선호하는데, 이는 학교에서 지불해야 하는 주택수당과 의료보험 같은 부수 금액을 줄일 수 있기 때문이다. 여러 가지를 고려할 때, 국제학교 교사들은 다양한 국가에서 일한 경험을 바탕으로 외국 생활에 잘 적응하며, 상류계급에 속하는 국제학교 문화를 잘 이해하고, 다양한 국적의 학생들과 의사소통이 원활하다.

하지만 국제학교에서 일하는 교사들 중, 중국과 같은 아시아 국가에 대한 호기심으로 중국에 와서 중국에서의 생활을 잠시 경험하거나 스쳐가는 곳으로 생각하는 경우도 있다. 하지만 중국 원화 (RMB)의 환율 상승과 중국의 국제화로 인해 이런 교사들이 많이 줄고 있으며, 많은 교사들에게 중국의 국제학교 생활은 만족스러운 편이다. 국제학교 입장에서 보면 훌륭한 교사들을 '모시는' 비용은 적지 않다. 고액의 국제학교 봉급뿐만 아니라 인재 스카우트 회사에 20% 채용 수수료를 지불해야 하기 때문이다.

☑ 중국 현지 외국인 교직원 채용

근래 중국 현지에서 교사를 채용하는 경우를 종종 볼 수 있다. 현지 채용으로 SAS(Shanghai American School)에 취직한 회계와 상담 경력을 가진 5학년 담당의 젊은 교사를 만났다. 그는 지난여름 콜롬비아 대학에서 배운 경험을 이용해 새롭고 최첨단적인 독서 프로그램을 교직원에게 교육시키는 일을 하고 있었다. SAS뿐만 아니라 많은 국제학교들도 교사의 현지 채용에 긍정적인 견해를 가지고 있다. 교육 경력뿐만 아니라 현지 생활을 잘 이해하고 '교실 밖 세상'도 잘 설명할 수 있는 경험 또한 중요하다는 것이 그 이유다.

☑ 교사들의 이동

만약 교사들이 자주 떠나는 학교가 있다면, 그 학교의 질과 문화에 대해 의심해봐야 한다. 왜냐하면 교사들이 자주 이동하는 학교는 학교에 문제가 있거나, 주변에 재정지원이 풍부한 학교가 있기 때문이다. 특히 주변에 교사들에 대한 지원이 많은 신생학교가 생겼을 경우, 많은 교사들이 복지가 좋은 신생학교로 이동하게 된다.

그러나 훌륭한 학교가 훌륭한 교직원을 얻을 수 있다. 학교가 정말 좋다면, 교사들의 이런 일시적인 이동은 일시적인 것이다. 베이징의 BISS도 최근 이러한 상황을 경험했지만 이런 기회를 놓치지 않고, 오히려 교사들이 이동한 후 새로운 아이디어와 열정을 가진 많은 새로운 교사들을 채용했다.

더불어 중국 국제학교에서 교사들의 이동이 잦은 이유는 그만큼 수요가 많기 때문이다. 반면, 교사들이 잘 이동하지 않는 학교의 경우, 경영진들이 안이하게 자기만족을 할 수도 있고, 교사들 스스로도 자기개발 노력을 게을리 할 수 있다.

☑ 돈, 돈, 돈!

교사들의 급여는 경력, 학력, 인종 혹은 명성에 의해 좌우된다. 그러나 높은 급여를 받는 교사가 모두 훌륭한 교사라고 볼 수는 없다. 사실상 많은 최고의 국제학교들이 다양한 배경과 다양한 경력을 가진 교사들을 찾고 있다. 따라서 훌륭한 교사란 급여의 높고 낮음에 의해 결정되는 것이 아니라, 새로운 상황에 망설임 없이 도전하고, 학생들과 긍정적인 관계를 유지하며, 항상 활기찬 교사가 아닐까 한다. 어찌 보면 좋은 교사들을 '모셔오는' 데도 많은 운이 따르는 것 같다. 또한 학교는 이렇게 고이 모셔온 교사들을 위해 평가제도와 복지제도를 잘 정립해야 하고, 교사들의 능력개발과 실력 향상에 투자를 아끼지 말아야 한다. 더불어 학교를 파악할 때, 그 학교 교사들의 배경, 연령대, 국적, 교육과 경력 등을 살펴보면 그 학교의 교직원 채용 기준과 문화를 알 수 있다.

☑ 교과 과정 개발 코디네이터
(Curriculum Development Coordnators - CD 코디네이터)

CD 코디네이터는 교사들의 기준과 기대치를 정하는 역할을 한다. YCIS 학교의 체리 첸(Cherry Chen) 교장의 예를 들면, 교장 직이외에도 교과 과정의 질을 높이는 CD 코디네이터 역할을 겸하고 있다. Dulwich, SCIS, SAS와 같은 학교에서도 CD 코디네이터는 직원 경영진에서 중심 역할을 한다. 하지만 불행히도 학생들의 실력을 평가하고 그 실력에 맞게 학생지원 프로그램을 연구하는 학교가 그리 많지는 않다. SCIS의 경우, 학생들의 시험을 정확히 분석하고 연구한 자료를 컴퓨터에 저장하고 있어, 언제 어디서든 학생의 요구와 질문에 맞는 답변을 줄 수 있다. Dulwich College Suzhou의 던컨 그라이스(Duncan Grice) 부교장은 Junior School 교장 직외에 CD 코디네이터를 겸하고 있다. 즉 그는 교과 시간과 내용, 과목 교사를 정하고 학생들의 교과 과정 프로그램을 관리하는 일을 겸하고 있다. 그리고 학부모들을 주기적으로 초청하여 각 과목에 대한 설명과 가정에서의 학습지도 방법, 교육에 도움 되는 웹사이트 등, 교과 과정 발전에 도움이 되는 일들을 하고 있다.

☑ 문화적 차이 : 분리 혹은 통합?

중국 국제학교의 중요한 과제 중 하나는 늘어나는 교직원들의 관리이다. 봉급 면에서 중국 현지 교사들과 외국 교사들의 봉급은 차이가 크다. 동등한 경력을 가지고 있다고 해도, 중국 교사가 받는 봉급은 외국 교사들의 10-30% 수준이다. 그리고 중국어를 가르치며 유치원부터 저학년의 보조교사를 겸하는 경우도 적지 않다. 각기 다른 배경을 가진 동서양의 교사들을 융화시키는 것도 생각보다 쉽지 않다. 국제학교에서 종사하는 많은 사람들이 서양 교육방식이 교육적 환경을 지배하고 있다는 데에 동의하고 있다. 서양 교사들이 가르치는 교육은 학부모들에게 매력적으로 다가가 중국 학교 대비 많게는 5배가 넘는 등록금을 기꺼이 지불하고 있다.

여러 가지 방법으로 동서양 교사들의 문화가 융화되고 있다. 2개국어 상용학교(Billingual Schools)에서는 각 학급에서 영어 원어민 교사와 중국인 교사가 서로 협조관계 하에 수업을 하고 있다. 하지만 비록 영어 원어민 교사가 중국인 교사에 비해 경력이 적더라도, 학급을 운영하는 데 주도권을 잡는 것이 사실이다. 한 2개국어 상용학교의 경우엔 아예 학급과 과목에 따라 다른 건물로 이동해서 공부하는 경우도 있다. 베이징의 데이스타 학교(Daystar School in Beijing)의 경우, 영어 원어민 교사와 중국인 교사가 다른 층에서 수업을 진행하기 때문에, 학생들은 수업을 위해 층을 이동한다. 마치 동서양을 넘나들며 수업을 받고 있는 것과 같다.

몇몇 국제학교들은 이 두 문화를 적절히 절충하는 데 능하다. 베이징의 맘몰리나(Mammolina in Beijing) 학교나 상해 싱가포르 국제학교(Singapore International School in Shanghai)는 노련하고 영어와 중국어에 능하며, 동양과 서양 문화에 해박하고 교육적인 비전을 가진 리더에 의해 학교가 운영되기 때문에, 모든 교직원이 학교 문화를 잘 이해한다. 북경의 ISB(International School of Beijing) 학교도 동서양 교사들의 조화에 많은 노력을 기울이고 있으며, 학교 인테리어도 동서양이 이상적으로 잘 결합되어 있다.

☑ 결론

중국에 있는 시설 좋고 명성 높은 국제학교들은 동서양의 문화적 차이점에 대해 잘 이해하고 있고, 서양과 중국을 포함한 동양 문화를 적절히 섞어 잘 요리하고 있다. 학부모들은 서양 교육방식을 선호하고 이에 높은 등록금도 지불하고 있지만, 학교의 문화적 감수성까지 없앨 필요는 없을 것이다. 모든 국제학교들의 잠재력은 동양과 서양의 의미를 초월하여 새로운 버전의 교육체계를 만드는 데 있기 때문이다. 그러기에 그 요리는 더욱 더 흥미롭고 훌륭하리라 본다.

교실 안에서의 동서양 문화

Karmia Cao

문화적 차이는 국제학교에서 공부하면서 느끼는 어려움 중 하나이다. 활기차고 신나게 참여한 토론 시간과 수업 시간이 끝나고 교실 문을 나선다. 학교에서는 친구들과 그룹으로 프로젝트를 하고, 서로의 프로젝트를 함께 검토하고 생각해보며, 비평가가 되어 활기 넘치는 토론시간도 갖는다. 그러나 복도를 지나 중국어 수업을 위해 다른 교실로 이동하면 완전히 다른 세계의 문화가 우리를 기다리고 있다.

대부분의 서양 선생님들은 우리의 '목소리'를 듣고 싶어 한다. 우리 의견에 귀 기울이고, 우리가 무슨 생각을 하는지 알고 싶어 한다. 서양 문화에서 개인의 주체성은 상당히 중요한 의미를 지닌다. 하지만 동양 선생님들은 학생들 앞 교단 위에 서서 자신들이 가진 지식을 전달하고, 우리는 그것을 앵무새처럼 따라하는 것을 원한다. 수업은 아주 타이트하게 진행되고 중간 중간 선생님이 내시는 과제를 하느라 배운 내용을 다시 생각해보거나 질문할 시간적 여유가 없다.

우리학교 중국인 IB 수학 선생님이신 양(Yang) 선생님은 완벽한 영어를 구사하고 선생님이 가진 지식을 열정적으로 우리에게 전달하고자 최선을 다하신다. 종종 우리에게 선생님의 11학년 시절의 이야기를 해주시는데, 시험 준비와 숙제 그리고 공부를 하느라 하루에 4시간밖에 잘 수 없었다고 한다. 그래서인지 선생님의 지도는 참 체계적이다. 만약 선생님이 설명하시는 내용을 알 수 없다면, 그것은 우리가 연습을 안 했거나 수업 시간에 집중하지 않았기 때문일 것이다. 동양 교육문화에서는 노력과 근면이 성공으로 가는 열쇠라고 믿는다.

반면 바로 아래층의 캐나다 수학 선생님이신 그래함(Graham) 선생님의 수업 방식은 아주 다르다. 교실에는 유리창을 제외한 모든 벽이 종이로 덮여 있다. 선생님은 학생들에게 자신만의 방법으로 종이에 적힌 문제를 풀어보라고 한다. 그래함 선생님은 예를 들며 수학적 이론을 설명하는 것을 좋아한다. 그리고 우리에게 자주 수학이 어렵거나 힘든 과목이 아니라는 것을 강조하고, 학생들 스스로 수학의 원리를 이해하고 깨닫도록 돕는다.

이 두 선생님은 모두 수업 방법이 다를 뿐 그 이상도 이하도 없다고 생각한다. 결론적으로 선생님들의 문화적 차이는 2차적인 것이다. 비록 그 문화의 차이가 분명하고 대조적이지만, 현명한 학생이라면 이러한 문화 차이를 잘 융합하고 자신을 그 문화에 맞출 수 있다고 믿는다. 성공의 열쇠는 우리 자신의 태도이고, 학생으로서 적극적으로 배우고자 하는 의지이다. 모든 국제학교에서 이런 문화 차이는 존재하리라고 본다. 열린 마음가짐으로 동서양 선생님들을 대한다면 우리는 성공하고 행복해질 수 있다. 하지만 부정적으로 그 문화 차이를 생각한다면 결국 우리 자신이 실패하는 것이다. 어느 문화의 교실에 들어가든, 그저 어깨의 힘을 빼고 느긋한 마음으로 어깨 한번 으쓱한 후, 그 문화 방식에 적응하는 것이 가장 효과적인 방법이다.

10

학교 위치와 건물

무엇보다도 아무리 학교 시설이 주는 인상이 좋았다 하더라도, 그 것이 우리 학생들의 학교 선택 시 가장 중요한 요인이 될 수는 없다.

물론 잠재적으로 잘 꾸며진 캠퍼스와 큰 운동장을 보고 좋아하지 않을 사람은 없다. 반대로, 나무 하나 없는 황량한 캠퍼스를 보고 학교의 질을 의심해보는 사람도 있을 것이다. 책 표지만을 보고 책을 선택할 수 없듯이, 학교 시설만으로 학교를 평가해서는 안 된다. 학교 시설이 학생들의 학교 만족도나 학습 성취 면과는 직접적인 연관이 없다는 사실을 증명하는 예가 많다. 그렇지만 중국의 국제학교들을 둘러볼 때 고려해야 할 사항은 여러 가지이다.

☑ 위치

많은 국제학교들은 시내 중심가에 있지 않고 대부분 외곽에 위치하고 있다. 이유는 서양 식당, 골프장, 빌라 등 외국인들이 많이 거주하는 지역에 학교를 설립하거나, 수영장과 운동장 같은 넓은 공간을 필요로 하는 부대시설을 위해 비교적 임대료가 낮은 지역을 선택하기 때문이다. 하지만 국제부가 있는 중국 학교들이나 유치원의 경우, 시내에 있거나 대중교통 수단으로 등하교가 가능한 곳에 있다. 많은 국제학교들이 있는 지역은 외국인들이 많이 살고 있어서 집세가 상당히 비싸다. 그래서 한국 교민들이나 주재원들이 살기에는 어려운 것이 사실이다. 그래서 많은 학생들이 등하교로 하루 90분 이상을 소비하기도 한다.

☑ 디자인

중국 대부분의 국제학교들은 최신식이고, 현대적이며, 최첨단 기술을 사용한 중앙난방 시설을 겸비한 훌륭한 시설을 갖추고 있다. 서양식으로 디자인한 대부분의 학교들은 복도와 계단을 분리하지 않고 연결시켜 냉난방이 동시에 가능하도록 설비했다. 많은 학교들이 이전에 회사로 사용했던 건물이나 중국 현지 학교들을 개조하는 경우가 많다. 학교 설립자가 원하는 국제적 감각을 완전히 만족시킬 수는 없어도, 대부분의 학교들이 잘 디자인되어 있다.

하지만 불행히도 많은 중국 부동산 개발자들과 설비회사는 자신들이 책임져야 할 부분을 간과하고 있는 것 같다. 느슨해지는 대리석 타일, 비가 내리거나 습기가 많은 날에는 아이스링크처럼 녹거나 곰팡이가 올라오는 벽과 바닥, 그리고 돌이나 콘크리트로 마감하거나 설치하여 거친 표면으로 인해 아이들이 상처 입기 쉬운 놀이터가 그 예들이다. 물론 교직원들도 학생들의 안전을 위해 학교 건물들을 계속 관리하고 있지만, 학부모 스스로도 안전 검시관의 관점으로 학교를 살펴볼 필요가 있다.

☑ 실내 공기

　건물의 외곽적인 문제는 그렇다 치고 난방, 통풍과 같은 학습을 위한 쾌적한 환경에 충분히 신경 쓰지 않는 학교도 있다. 겨울에 너무 춥게 혹은 너무 덥게 난방을 하거나, 여름에 강한 햇볕이 들어오거나 통풍이 안 되는 등, 냉난방 장치에 심각한 문제를 가진 학교들도 있다. 게다가 공사장 먼지, 페인트, 접착제로 쓰이는 용해제 등은 인체에 대단히 유해하다. 중국의 많은 학교들이 공사장 주변에 있거나 혹은 자신들의 학교를 리모델링 하고 있다. 도로변 주변에서 날아오는 연기와 가스, 먼지 등을 마시게 되면 단기간 혹은 장기적으로 우리 자녀들에게 심각한 해를 끼칠 수 있다.

☑ 나쁜 냄새 = 높은 위험

　사스(SARS) 병이 돌았던 해에 있었던 홍콩의 아파트 붕괴사건을 기억할 것이다. 그것은 잠정적으로 엘리베이터 문제라고 결론이 났지만, 많은 사람들이 중국 사람들의 안전 불감증이 만든 비극이라고 생각했다. 다른 많은 중국 건물들처럼 화장실에서 역겨운 냄새가 나는 학교들도 있는데, 이는 중독성이 있는 마감재를 사용했거나 마감이 제대로 되지 않아 곰팡이가 생겼기 때문이다. 따라서 국제학교를 원하는 많은 수요자들을 만족시키기 위해 학교가 우선적으로 할 일은, 학교 화장실의 정착물을 제거하고 재보수하는 것이다. 화장실에 설치된 파이프를 제거하고 안전하게 화장실 밖으로 설치하는 것도 중요하다. 학교 방문 시 화장실에 혹시 이상한 냄새가 나지 않는지 확인해볼 필요가 있다.

☑ 무엇을 위한 디자인인가

중국 대부분의 학교는 우리나라와 같이 교사는 강단에 서서 강의하고 학생들은 책상에 앉아서 듣는 전통적 교육법에 맞게 디자인되어 있다. 하지만 새롭게 디자인되는 학교들은 소집단으로 책을 읽으며 토론할 수 있는 공간, 혼자 책을 읽을 수 있는 편한 공간, 안락하고 편안한 소파, 어디서든 원하는 자료를 찾아볼 수 있는 컴퓨터가 놓인 도서관, 넓고 다른 교실로의 이동이 용이한 오픈 형태의 교실 등을 갖춰놓았다. 이것을 통해 중국 교육방식도 많이 변화하고 있으며, 건물 또한 이에 맞게 변화하고 있음을 알 수 있다.

☑ 단지 건물의 의미를 떠나

'The Sims'라는 컴퓨터 게임은 얼마나 멋지고 만족스러운 집을 지었는지에 대한 결과물이 아닌, 얼마나 빠른 시간 내에 집을 지었는지 하는 것으로 승자를 가른다. 하지만 우리는 겉으로만 화려하고 멋진 건물이 최고이거나 우리 자녀들에게 적합하다고 생각하지 않는다. 종국에는, 경험이 풍부한 교사들과 학교를 운영하는 사람들의 긍정적인 철학과 태도가 표면적인 컨테이너를 넘어 학교를 빛내는 것이기 때문이다.

11

학생을
잘 이해하는 학교

학교와의 관계가 좋은 학생들은 그렇지 못한 학생들보다 '위험한 행동'에 접근하는 성향이 적고 학습 성취도가 높은 것으로 나타났다.

SCIS(Shanghai Community International School)의 한 교사와 함께 SCIS를 둘러보던 중 실내 체육관을 들렀는데, 그때 우리는 농구연습 중인 11-12세가량의 소년을 보았다. 그 소년은 우리를 보고 "윌리엄스(Williams) 선생님, 오늘 신입생 적응 방법에 대한 선생님의 의견은 정말 멋졌습니다."라고 말한 후 다시 농구 연습에 열중했다. 이것이 '학생들을 잘 이해하는 학교'의 개념을 보여주는 좋은 예일 것이다. 학교를 방문할 때마다 그 학교의 학교장들은 자신들의 학교가 '편안하고 가족적인' 분위기라고 강조한다. 물론 그런 메시지를 말로 전달하는 것보다 교사들과 학생들 사이에 돈독한 관계를 직접 느끼는 것이 더 어려울 수 있다. 비록 편안하고 서로 하나로 묶여진 그러한 분위기를 만들기 위한 별도의 조리법이나 점검표가 있어 직접 이를 확인할 수 있는 것은 아니지만, 학교의 그런 분위기를 감지하는 것은 그리 어려운 일이 아니다.

☑ 이론적으로

최근의 학설 조사에 의하면, 학생 자신의 웰빙(well-being)과 학교와의 돈독한 인간관계가 학생의 학습 성취도에 대단한 영향을 미친다고 한다. 미국 교육 잡지인 The Wingspread Group은 2007년 9월 'Journal of School Health'(학교 건강을 위한 저널)에서 학생과 학교의 결속력에 대해 강조했다. 그들의 연구에 의하면, 학교에서 인정받고 관심을 받아 학교에 결속력을 가지고 있는 학생들은 그렇지 않은 학생들에 비해 '위험한 행동'을 보이는 비율이 현저히 낮고 학습 성적도 월등하게 높은 것으로 나타났다. 더불어 '모든 학생들은 학교에 있는 교직원 중 최소한 한 명과는 반드시 돈독한 관계를 형성해야 한다.'고 강조했다.

☑ 실행적으로

비록 이것이 우리 모두가 알고 있는 학설이라 해도, 그것을 학교의 한 문화로 만드는 것은 생각처럼 쉬운 일이 아니다. 학교 입학 상담을 위해 입학 담당교사와 학교를 둘러볼 때, 학부모들은 그러한 분위기를 감지할 수 있어야 한다.

일반적으로 학생과 교사의 관계는 존경의 관계이다. 학생들은 학교에서 정해진 규정과 규칙에 맞게 행동하고 교사들에게 존경을 표시한다. 여러 국제학교들을 방문하면서 학생들과 교사들이 서로 인격적으로 자연스럽게 존중하고 존경하는 분위기를 느낄 수 있었다.

영국 학교들의 경우 학생들은 복도에서 걸을 때 뛰어서도 안 되고 복도 한쪽으로 걸어야 하는 규율이 있다. 학교장은 이런 규율을 지키는 학생들을 보면, 학생 이름을 하나하나 불러 칭찬하고 격려한다. 규율과 존경이 모두 공존하는 것이다.

☑ 기준을 세운다.

그것이 존경의 표현이든지 혹은 두려움의 표현이든지, 학생들에게 좋은 행동을 유도시키는 것은 학교에 대한 애교심을 갖게 할 수도 있고, 반대로 이질감을 갖게 할 수도 있다. 따라서 바람직하지 않은 행동을 하는 학생들을 지도하는 것은 매우 중요하다. 학교들을 방문하면서 학생들의 애교스러운 실수부터 큰 문제까지 모두 볼 수 있었다. 각 나이 대에서 보이는 학생들의 반응과 문제 또한 모두 다르다. 그런데 좋은 학교와 교사들은 학생들에게 스스로 좋은 모습을 갖게 하는 따뜻한 분위기를 만들고, 학생들에게 먼저 좋은 본보기를 보인다. 그리고 학생들과의 토론을 통해 적절한 행동과 그렇지 않은 경우 등을 서로 의논하며, 책임감 있는 행동에 대해 애기한다. 교사들은 학기가 시작하면 몇 주 동안 기존 틀, 즉 규칙을 알려주고, 울타리를 만들어 학생들에게 학교에서 적합한 행동에 대해 설명해준다. 그리고 나면 추후 학생들에게 다시 간단히 이 행동들에 대해 재인식시키기만 하면 된다.

학교는 학생들 자신이 학교의 보호와 관심을 받고 있음을 느끼게 하는 것이 매우 중요하다. 예를 들어 '자문' 그룹이 그것이다. 개인의 인격이 존재하지 않았던 어릴 적 우리의 중고등학교 교실을 우리는 잘 기억하고 있다. 한 반에 50-60명이 함께 공부하던 교실에서 개개인의 의견을 내세우거나 얘기하는 것은 참 어려운 일이었다. 하지만 자문의 시간은 교사들이 10명 이하(적을수록 좋다)의 학생들과 학교 얘기, 개인 얘기, 친구들 간의 얘기 등, 사소한 것부터 중요한 것까지 대화를 나누는 시간이다. 자유로운 자문 그룹은 방과 후, 점심시간, 혹은 수업 시작 전에 편안하게 학생들을 만난다. 만약 우리 아이들이 운이 매우 좋아 이러한 선생님들을 만난다면, 교실 안과 밖에서 우리 아이들이 무슨 생각을 하는지, 무엇을 고민하는지 알 수 있을 것이다.

최고의 교사들과 학교들은 일대일 면담을 아주 중요시 여긴다. 특히 대학을 준비하는 고등학생들의 경우, 더욱 더 중요하다. 학생들과 교사들 간에 나눈 질 높은 대화는 학생들의 정서와 미래에 큰 영향을 미친다.

Coalition of Essential School's Horace 출판사의 편집장인 질 데이비드선(Jill Davidson)은, 대부분의 성공적인 학교들은 다양한 소규모의 교육 모임, 학생 개개인의 학습 계획, 학생 중심의 시험, 교육·학습·인간관계 등을 위한 면담 체계가 잘 구축되어 있다고 말한다. "이러한 학교에서 선생님들은 학생들의 교육적·인간적 성공에 중점을 두며, 학생들을 이해하기 위해 무척 노력하고, 학생들 개

개인에 맞는 교과 과정, 일정과 시험을 만듭니다. 더불어 학교와 지역사회의 많은 활동에 참여하는 기회를 제공하고, 선생님들의 이런 노력의 결과, 학생들은 자유롭게 자신들의 생각을 표현하고, 기회와 도전에 망설이지 않으며, 책임감을 가지고 공부합니다."라고 덧붙였다.

교육, 교과 과정, 시험들을 학생들 개인에 맞춰 만드는 것은 교사들에게는 큰일이며, 학교로서는 많은 시간과 비용이 소비되는 일이다. 하지만 학생들은 자신들이 단순히 학교에 등록금을 내는 구성원들 중 하나라는 생각보다는, 학교가 자신을 진정으로 이해하고자 한다는 것을 이해한다. 특히 학생 개인 수준에 맞는 시험은 교사, 학생 그리고 학부모에게 학생들의 성과와 진보를 이해할 수 있는 아주 좋은 기회이다. 예를 들어 북경의 BISS 국제학교의 경우, 학생들은 IB 시험과 대학 입학을 위해 자신의 포트폴리오를 만드는데, 학생들에 대한 매우 세세한 설명과 장점 및 단점을 한 번에 파악할 수 있다.

이 모든 것은 교사들이 학생들을 충분히 이해할 때에만 이루어질 수 있다. 또 이 모든 과정은 학교의 모든 사람들이 함께 이뤄야 한다. 학교 경비원부터 버스 기사까지도 학생들의 교육과 생활에 영향을 미치기 때문이다. 몬테소리 유치원의 예를 들면, 학교에서 일하는 청소부와 경비원들도 몬테소리의 교육철학에 대한 교육을 정기적으로 받고, 학생들을 대하는 태도에 대해 공부한다.

존경이라는 것이 연령대별로 모두 다른 형태로 나타나기 때문에, 어릴 적에 소유권과 책임감을 기르는 것은 중요하다. 배이징의 맘몰리아(Mammolina) 유치원의 경우, 학생들은 돌아가며 점심 후 식탁을 정리하거나 수업 후 교실을 정리한다. 이를 통해 비록 어린 나이라 하더라도 학생들은 자신들이 어지른 것을 스스로 정리하는 습관을 갖게 된다.

연령대가 높은 학생들의 경우, 존경은 신뢰를 바탕으로 할 때 나타난다. 학교에 전반적으로 서로 신뢰하는 분위기가 형성되어 있는가? 학생들이 어른들 없이도 서로 교류할 수 있는 기회와 공간이 많은가? 인터넷 사용법과 예절에 대해 학생들이 충분히 이해하고 있는가? 몇몇 학교에서는 행동이 올바르지 않은 학생들을 벌하기 위하여 학생들의 행동이나 시간을 제한하는 경우가 있다. 하지만 학생들과 학교 간의 긴밀한 유대관계가 형성되어 있다면, 학생들은 학교 안과 밖에서 큰 문제를 일으키지 않으며, 서로의 과오를 관용으로 이해하고 감싼다.

☑ 학부모의 역할

교사들이 학생들을 이해하기 위해 학생들의 얘기를 잘 듣고자 노력하는지, 학생들의 발전을 잘 지켜보는지, 부모로서 우리는 어렵지 않게 느낄 수 있다. 만약 시간을 내어 좀 더 주의 깊게 관찰하면 교사들이 학생들의 행동, 교우관계, 복장 혹은 학업능력 향상 등을 위해 진정으로 집중하는지 더욱 더 쉽게 알 수 있을 것이다.

학생을 한 학교에 입학시킨다는 것은 그 학교가 학생들을 진정으로 이해하고 학생들의 발전을 위해 노력한다는 믿음을 갖는 것이다. 입학을 위해 학교를 방문했을 때, 교사들과 학교장의 많은 미사어구를 그대로 믿지 말고, 그 학교가 진정으로 이런 중요한 분위기와 문화를 가지고 있는지를 살펴보는 것이 대단히 중요하다.

진정한 교육

김한국 - Grade 11

현대작가인 스테펜 닐(Stephen Neil)은 그의 저서에서, "좋은 선생님이란 학생들의 타고난 자질을 발견하고 학생들 자신의 영감과 생각을 스스로 찾아내게 이끌어 는 분이다."라고 하셨습니다. 비록 이것이 돈키호테처럼 비현실적이라 하여도, 좋은 선생님들이나 교직원분들은 특유의 친화력을 발휘해 학생들의 진정한 재능을 발견하고자 노력합니다.

간단한 'Hi' 인사부터 자신의 재밌는 일화를 나누는 등, 선생님들은 학생들이 편안하고 인정받고 있다는 분위기를 만드셨습니다. 이런 분위기에서는 학생들이 자신만의 벽을 허물고 편안하게 질문하고 선생님들과 토론합니다. 학생들과의 시간을 소중히 생각하고 학생들의 작품과 숙제에 깊은 관심을 가지고 지켜본다면, 학생들도 그러한 선생님들에게 보다 더 관심을 가지고 수업에 열중하게 됩니다. 서로를 이해하는 교실 분위기는 더 나아가 학교 분위기로 이어지며, 이러한 선생님들의 영향을 받아, 국제학교에서 때때로 힘든 학생들도 서로를 존경하고 자신들의 독특한 재능과 관심분야를 인정합니다.

이 학교에 입학하기 전 이러한 분위기를 접해본 적이 없었던 한국 학생으로서, 학생들과 선생님들의 이러한 관계는 저에게 괴이하고 적응하기 힘들었습니다. 담임선생님이 한국을 다녀온 적이 있다며 한국에서의 자신의 경험을 제게 이야기했을 때, 저는 그것이 학생들을 편안하게 만드는 일시적인 기술이라 생각했습니다. 하지만 저와 제 문화에 대한 관심은 거기에서 멈추지 않았습니다. 다른 선생님들도 새로운 학교와 학생들에게 적응하도록 하기 위한 조언을 해주셨고, 저는 그것이 새로운 학생들에게 베푸는 일시적인 친절이 아니라는 생각을 하기 시작했습니다. 선생님들이 학생들의 이름을 거의 외우지 못하고, 선생님들의 지목을 받는 것이 축복이라기보다는 위협에 가까웠던 분위기에서 공부하던 저로서는 이러한 친화적인 학교 분위기가 정말 충격이었습니다. 저는 한국 학교에서 공부하면서 생각지도 못했고 잊어버리고 있었던 제 자신의 자존감을 이곳에서 찾을 수 있었습니다. 스테펜 닐(Stephen Neil)의 말처럼 저는 제 자신의 영감을 찾아냈고, 제 재능을 알아냈습니다. 이것은 학생들을 진정으로 이해하는 선생님과 그러한 선생님을 존경할 줄 아는 따뜻한 학교 분위기 안에서 이뤄진 것입니다.

12

중국에서의 특수교육
Special Education in China

상황이 많이 나아지고 있으나 특수 지도와 보호를 요하는 학생들의 경우 학교 선택의 폭이 매우 좁다.

상해에서 특수 교사로 일하고 있는 로빈 헐(Robyn Hull)은 독서 장애라는 난독증을 앓고 있는 자신의 조카가 받은 특수교육에 대해 많은 좌절감을 느꼈다. 물론 조카가 다녔던 학교는 조카뿐만 아니라 다른 특수교육을 요하는 학생들을 위해 최선을 다했지만, 특수교육 시간과 재료가 무척 제한적이었고 열악했다. "제 조카는 만 8살에 상해를 떠나 본국으로 돌아갔는데, 그때까지 자신이 읽을 수 있는 글자 중 하나도 쓰지 못했습니다."

베이징과 상해의 국제학교를 다니는 학생들 중, 특수교육을 받고 있는 학생들의 부모는 본국과는 다른 상황에 놓인다. 특수교육을 위한 어떠한 법적 조항이 없기 때문에 특수교육의 선택과 내용, 존재 여부는 전적으로 학교들의 몫이다. 또한 영어가 원활하지 않아 교사들과의 의사소통이 어려운 한국 학생들의 경우, 신체적·언어적으로 퇴행을 보이는 경우가 적지 않다.

"대부분의 국가에서는 특수교육에 대한 일정한 법적 조항과 기준을 만들어놓고 있습니다. 하지만 국제학교의 경우, 그 내용이 학교 자율이기 때문에 학교 입장에서는 특수교육이 쉽기도, 어렵기도 합니다."라고 아시아 특수교육 네트워크(SENIA-Special Education Network in Asia)의 부회장인 샌드라 헬믹(Sandra Helmig)이 전한다. "많은 국제학교들이 자신들의 국제학교는 특수교육 프로그램을 잘 만들고 실행하고 있다고 하지만, 특수교육을 원하는 고객들과는 거리감이 있습니다. 재정적으로, 자원적으로, 그리고 특수교육을 하는 선생님들 모두 특수교육을 실행하기에 충분치 않습니다."라고 덧붙였다.

물론 몇몇 학교에서는 한국보다 좋은 시설과 경험이 풍부한 교사들이 특수교육이 필요한 학생들을 가르치고 있지만, 대부분의 국제학교에서는 사정이 다르다. 더불어 학생들의 영어실력이 부족하여 특수 교사들의 언어와 내용을 이해하지 못할 경우에는 교육 습득이 더욱 어렵다. 국제학교에서 특수교육이 어려운 이유 중 가장 큰 것은 비용이다. 특수교육은 일반 학생들을 위한 교육보다 약 2.5배의 비용이 추가된다. 특수 교사의 고용, 교육 공간과 재료 등을 별도로 구입해야 하기 때문에 국제학교에서 특수교육을 받는 학부모님들은 등록금 이외에 추가 금액을 지불하기도 한다.

시험비용 또한 별도로 지불해야 한다. 베이징 연합 가족병원(Beijing United Family Hospital)에서는 지능검사 테스트(학생들이 문제가 있는지, 문제가 있다면 그 문제가 집중력 장애, 행동 장애, 타고난 학습능력 장애 혹은 동기 결여인지를 파악한다)를 실시하는 데 비용이 약 RMB 6,000 정도 들고, 주의력 결핍 및 과잉행동(AD-HD-Attention Deficit Hyperactive Disorder)은 약 RMB 1,200를 추가로 지불해야 한다. 한국 학생들은 영어로 시험을 볼 경우 정확한 결과를 예측할 수 없기 때문에, 한국에서 시험을 본 후 영문 결과서를 제출하기도 하고, 몇몇 학교에서는 학교 지정 병원의 결과만을 인정하기도 한다.

북경 국제 구호병원의 캐시 수(Kathy Shu)는 비록 시험을 통해 학생들의 장애 원인과 내용을 파악했다고 하더라도, 그 문제들 도와주고 지도해줄 학교를 찾는 것은 어렵다고 한다. 몇몇 국제학교에서는 우수한 특수 교사 선생님들을 보유하고 있으나, 적은 수의 교사들이 많은 특수 학생들과 많은 다양한 문제를 다루기 때문에 어려움이 있다고 한다. 물론 중국 현지 학교에서는 이와 같은 특수교육을 기대하기란 힘들다.

특수교육 지도의 또 다른 어려움은 교육 자료와 재료의 부족이다. 특수교육을 위한 기초적인 교육장비와 자원을 중국에서 찾기 어려운 경우가 있다. Sunshine Learning Center 설립자인 Dolores van Dongen 씨는 특수교육을 위한 많은 자료와 장비를 해외로부터 수입하고 있고, 그 구입과 수입금액이 무척 비싸며, 그 비용을 학부모님들이 지불한다고 한다.

특수교육에 대한 학부모들의 태도 또한 학교 교육에 영향을 미친다. Dolores van Dongen 교사는 특수학교에서 교육을 받던 중 국제학교로 전학한 구개파열 장애를 가진 한 학생에 대해 얘기해주었다. 여러 가지 이유에서 많은 부모님들은 자신의 아이들이 자신의 아이들과 같거나 비슷한 장애를 가진 학생들과 함께 공부하는 것을 원하지 않는다. 이 같은 상황을 접할 때는 매우 좌절된다고 한다. "특수교육을 받아야 하는 학생들은 그 학생들에게 많은 것을 줄 수 있는 특수교육 학교에서 공부하는 것이 가장 좋습니다. 일반 학교에서 제공하는 학습과 교육이 특수교육을 받아야 하는 학생들에게는 또 다른 어려움으로 다가올 수 있습니다. 우리는 다른 아이들과 다른 우리 아이들을 숨기고 참아내는 것이 아니라, 그 다름을 축복해줄 수 있어야 합니다."라고 설명했다.

United Family 병원의 임상 심리학자인 롭 블린(Rob Blinn) 씨는, 특수교육을 받아야 하는 학생들의 학부모님들 중 자신의 자녀들이 특수교육을 받아야 한다는 사실을 인정하지 않고 장애와 문제가 존재하지 않는 것처럼 행동하는 사람들이 있다고 말한다. 연합 가족병원의 임상 심리학자인 그는 이런 부모님들과 대면할 때, 문제는 그것을 인정하지 않고 무시한다고 사라지거나 치료되는 것이 아니라, 그것들을 인정하고 학생들에게 관심을 주는 것이 문제 해결에 더욱 도움이 된다고 설명한다. 그리고 특수교육에 대한 인식이 적거나 없는 경우도 있다. 특수교육이라는 것이 생소한 나라에서는 학생들의 집중력 부족과 학습능력 저하와 같은 문제가 단순히 학생이 게으른 것으로 인식되는 경우도 있다.

또 다른 예는, 아이들이 특수교육을 받아야 할 경우 부모님들이 집에서 자녀들을 직접 가르치거나 한 학교에 정착하지 못하고 계속 전학을 하는 가족들도 있다. 헐(Hull) 씨는 "부모님들이 우선적으로 자녀들의 문제나 장애에 대해 솔직하게 이야기하는 것이 좋습니다. 모든 학교들이 특수교육을 제공하는 것도 아니고, 만약 학교에서 자녀들의 문제를 발견하지 못하거나 인식하지 못할 경우 그 장애에 대한 치료나 특수교육은 이루어질 수 없습니다."라고 조언한다.

많은 학부모들이 중국에서는 특수교육을 받지 못할 거라는 두려움과 걱정 속에 중국으로 오는 것을 주저하는 경우가 있다. 하지만 좋은 소식은 중국 국제학교의 특수교육에 대한 시설과 재원은 늘어나는 실정이고, 베이징의 Sunshine Learning Center나 SENIA 같은 특수교육만 전문으로 하는 학교들이 계속 늘어나고 있다는 점이다. 상해국제특수교육학교(SIS -Shanghai International Special Education)는 2006년부터 만 6세에서 14세까지의 학생들에게 개인적 요구와 능력에 맞는 개인 맞춤 프로그램(IEPs-Individualized Education Plans)을 시행하고 있다. 학생 대 교사들의 비율도 낮고, 교실 내에서 다양한 특수교육이 이뤄진다. 이런 성공적인 학교 운영의 결과로 개학 초 30명이었던 학생 수가 매년 급격히 증가하고 있다. SIS는 방과 후 활동을 더욱 늘릴 계획이며 다른 학교와의 자매결연 계획도 가지고 있다. 몬테소리 학교(Montessori Schools)들도 IEPS를 실행하기도 한다. ADD나 ADHD와 같은 문제의 경우, 그 치료와 교육이 다른 일반 장애에 비해 기간도 길고 교육 방법도 어렵기 때문에 일반 학교에서는 전혀 개선되지 않는다.

만약 특수교육을 요하는 학생들을 일반 국제학교에 입학시키기 원할 경우 학부모들이 명심해야 할 것들이 있다. 우선, 학생들이 가진 문제나 장애 내용을 솔직하게 학교에 먼저 이야기해야 한다. 입학 신청서에 장애 여부를 기록해야 하는데, 그 사실을 숨긴 것이 추후에 밝혀지면 입학이 취소되는 경우가 있다. 다음은 입학 후이다. ESOL이나 특수교육 평가시험 후 입학이 허용되더라도, 자녀들을 직접 학교로 데리고 가서 그 학교에 잘 적응을 하는지를 관찰해야 한다. 그리고 학교를 정하기 전에 특수교육 교사들의 수와 그 학교에서 특수교육을 받고 있는 학생들의 수, 그리고 자녀들이 얼마나 오랫동안 학교를 다닐 수 있는지 등, 학교 측에 궁금한 사항을 명확하게 물어보는 것이 좋다. 몇몇 국제학교들은 고등학교 이상의 학생들에게 특수교육을 제공하고 있지 않기 때문이다.

도움을 찾아서

Ashley Barker

장애를 가진 아이의 어머니로서 본국에서 받고 있던 많은 감정적, 학습적, 신체적 교육을 제공하는 훌륭한 선생님들을 뒤로 하고 상해로 오는 결정은 결코 쉬운 것이 아니었습니다. 상해는 국제도시이고 많은 외국인들이 생활해서 특수교육을 제공하는 학교나 그 장소에 대한 정보를 비교적 쉽게 얻을 수 있었습니다.

가장 먼저 방문한 곳은 Child Development Focus Group (CDFG-자녀발전 집중 그룹)이었습니다. CDFG는 특수교육을 요하는 학생들과 부모님들에게 많은 정보와 프로그램을 제공합니다. 이 그룹은 매달 다양한 특수교육 강사들을 초청하여 정기모임을 갖습니다. 이 모임의 목적은 매달 특수교육을 받고 있는 학생들의 부모님들을 초청하여, 많은 강사들로부터 특수교육에 대한 최신 정보를 받아 자녀교육에 도움이 되도록 하는 것입니다. CDFG와 같이 연계하여 특수교육을 돕는 센터는 Heart to Heart입니다. 이 센터도 매달 정기적으로 학부모님들을 만나 정보를 교환합니다. 더불어 Professional Networking Group(PNG)은 중국 현지인들이 만든 단체이나, 외국인들이 많아지면서 외국인들을 위한 서비스도 늘렸습니다. 이 단체도 정기적으로 만나 모임을 갖고 중국 현지 특수교육 학교에 재원을 제공하거나 교환하는 자원봉사도 함께 겸하고 있습니다. 자세한 정보와 내용은 각 학교의 특수교육 교사나 센터의 교사들로부터 얻을 수 있으며, Shanghai East International Hospital이나 Shang-

hai United Family Hospital 같은 현지 병원으로부터도 정보를 받을
수 있습니다.

학교 선택 시 고려할 체크 리스트 ✔

	Yes	No
1. 학교의 교과 과정이 체계적으로 잘 확립되어 있으며 내 아이에게 적합한가?	☐	☐
2. 과목 내용이 특정 국가에 지나치게 치우쳐 있지 않은가?	☐	☐
3. 도서관에 다양한 책들이 고루 배치되어 있는가?	☐	☐
4. 교과서가 프린터 물만이 아닌 정식 교과서를 사용하고 있는가?	☐	☐
5. 교사들의 근무 연수가 대체적으로 긴가?	☐	☐
6. 각 교실마다 IT 시설이(컴퓨터, 빔 프로젝터, 스크린 롤) 잘 설치되어 있는가?	☐	☐
7. 쉬는 시간에 아이들이 교사들의 감독 하에 안전하게 뛰어 노는가?	☐	☐
8. 중국어 수업 내용이 체계적이며 레벨(level) 별 수업이 진행되고 있는가?	☐	☐
9. EAL(English Additional Language) 수업을 받는다면, 별도의 수업료를 내지 않아도 되는가?	☐	☐
10. EAL 선생님이 원어민이며, 수업 기간이 적절한가?	☐	☐
11. 방과 후 활동(ASA-After School Activities)이 다양하며, ASA 후 학교 버스가 운행되는가?	☐	☐
12. 특수교육이 필요한 학생이 있다면, 학교에 경력 있는 교사가 있으며 별도의 돈을 지불하지 않아도 되는가?	☐	☐
13. 학교가 다양한 방법으로 학생과 학교 소식 등에 대해 학부모들과 정보를 공유하는가?	☐	☐
14. 공기정화 시설이 잘되어 있는가?	☐	☐
15. 학교 시설이 잘 정리되어 있으며 청결한가?	☐	☐
16. 식당 환기시설이 잘되어 있고, 메뉴는 다양한가?	☐	☐

명문 국제학교
입학 요령

01

입학 준비는
대입 준비처럼 하자!

학생들에게 맞는 학교를 선택했다면, 이제 학교 입학 담당자에게 연락을 해야 한다.

보통 중국 내에 거주하는 학부모님들은 직접 학교를 방문해서 학교를 둘러보거나 주변의 평판을 듣고 학교를 평가한다. 한 편의 영화와 책도 보고 읽는 사람에 따라 그 감동이 다르듯이, 학교의 장단점과 견해도 사람들만의 개인적인 감정이므로 학교를 직접 방문하여 객관적으로 살펴보아야 한다.

이렇게 학교를 방문하기 전이나 한국에서 학교에 입학 문의를 할 경우, 학교 입학 담당 직원과 이메일이나 전화로 처음 연락을 하게 되는데, 이것이 학생들에 대한 첫 인상이 될 수도 있으므로 보다 신중하고 예의 바르게 하는 것이 좋다. 대부분의 입학 담당자들은 예약을 통해 학부모와 학생들을 만나기 때문에 사전예약 없이 학교를 방문하는 것은 피하는 것이 좋다. 다른 부모님과 시간이 겹칠 경우 자세한 정보를 얻기 어렵기 때문이다. 이를 위해 방문 전에 담당자

와 방문 날짜와 시간을 정하고, 전화보다는 이메일로 연락하는 것
이 바람직하다.

학교 홈페이지를 방문하면 Admission(입학)에서 입학 담당자의
이름과 이메일 주소, 입학 신청 시 필요한 서류와 절차에 대해 알
수 있다. 입학 신청서를 보내기 전, 입학 담당자에게 간단하게 먼저
인사를 하고, 자녀들의 학년을 확인하는 것이 좋다.

예 1 입학 담당자에게 이메일로 연락할 경우 아래와 같이 작성하면 된다

Dear Sir/Madam,

My name is (학부모 혹은 보호자 성명) and I am writing you
with regards to my son's/daughter's application to your
school (지원학교 이름). I have heard many good things about
your school's reputation, the quality of the teachers, and
standards of education.

My son's/daughter's name is (학생 이름). She/he is a (국적
[Canadian, American 등]) citizen, currently lives in (현재 살고 있
는 나라와 도시[City, Country]), and was born on (생년월일). Please
find attached the files for the admission application letter,
a copy of passport, copy of school report and medical re-
port. Could you please let me know if there are any other
documents I need to submit?

I look forward to hearing from you.

Thank you.

Best regards,
(학부모 혹은 보호자 성명)

제 이름은 (학부모님 혹은 보호자 성함)이고, 저의 아들/혹은 딸을 (지원학교 이름)에 지원하고자 합니다. 수준 높은 교사 분들과 교과 과정 같은 학교에 대한 긍정적인 명성을 익히 들어왔습니다.

제 아이 이름은 (학생 이름)이고, (국적[예: 한국인])이며, 현재 (현재 살고 있는 도시)에 거주하며, 생년월일 (생년월일 기재)은 (일, 월, 년)입니다. 입학 신청서와 여권 사본, 성적표 사본, 예방 접종표 사본을 같이 동봉했습니다. 이외에 제출해야 할 서류가 있으면 알려 주시기 바랍니다.

답변 기다리겠습니다.

감사합니다.
(학부모님 혹은 보호자 성명)

Hello,

My name is <u>(학부모 혹은 보호자 성명)</u> and I calling you on behalf of my son/daughter <u>(학생 이름)</u> with regard to his/her application to your school <u>(지원학교 이름)</u>. I would like to arrange a time to visit your school to discuss my child's admission. Are you available to meet me on <u>(면담을 원하는 날짜)</u>? Also, would it be possible to have a tour of the school?

Thank you.

〈번역〉

제 이름은 <u>(학부모 혹은 보호자 성명)</u>이고, <u>(지원학교 이름)</u>에 제 딸/아들 입학을 신청하고자 전화를 했습니다. 입학신청을 위해 면담을 신청하고자 하는데, <u>(면담을 원하는 날짜)</u>에 면담이 가능한가요? 그리고 혹시 그날 학교를 둘러볼 수 있을까요?

감사합니다.

02

입학원서와 기타 제출 서류를 확인하자

원서는 정확하고 깔끔하게 작성한다.

입학원서는 인터넷 상에서 작성할 수 없고, 원서를 다운로드 받거나 학교를 직접 찾아가 원서를 받아 수기로 작성해야 한다. 입학원서에는 입학 지원 시에 필요한 서류에 대해 표시해 놓았으니 원서와 함께 제출한다. 일반적으로 입학 시에 준비해야 하는 서류는 다음과 같다.

입학 준비 서류

1. 입학원서

2. 학생 여권과 비자 사본

3. 부모님 여권과 비자 사본-비자는 반드시 취업 비자여야 하며, 비자가 아직 준비되지 않았다면 추후에 납부할 거라는 문서로 대신하면 된다.

4. 학생의 최근 2년간 성적표(영문)

5. 학생의 예방접종 확인표(영문)

6. 학생의 여권용 사진 2장

7. 입학 전형료-학교에 따라 금액이 다르며, 입학이 확정된 후 받는 학교
   도 있다.

학교를 방문해 직접 입학원서와 기타 서류들을 제출할 수 없다면 이메일이나 팩스도 보내는 것도 가능하다. 입학원서를 작성할 때는 글자는 반듯하게, 내용은 사실만을 기록해야 한다. 팩스로 원서를 보낼 경우에는 표지(cover letter)에 수신자와 발신자 이름을 정확히 표시하여 보내고, 보낸 후 입학 담당자에게 수신 여부를 확인한다. 입학원서에 사실을 기재하지 않으면 입학이 취소되니 반드시 정확한 사실만을 기록해야 하며, 학생에게 정신적·신체적 장애가 있을 경우에는 사전에 학교에 통보해야 한다. 중국 내에서 입학을 신청할 경우에도 학교 방문 전에 입학 신청서를 제출하면, 면담 시 학생들에 대한 기본질문 시간을 줄일 수 있어 더욱 효과적이다.

03
입학원서 접수 후 해야 할 일들을 알아보자

입학원서 접수는 입사를 위해 직장에 이력서를 내는 것과 같다. 학교에서는 영어 실력뿐만 아니라, 학생들이 입학 후 학교를 빛낼 수 있는지도 함께 검토한다. 명성이 높고 좋은 학교는 입학이 그만큼 어려우므로, 영어가 부족하다면 영어 이외에 내세울 수 있는 경시대회와 국제대회 같은 공신력 있는 성적 혹은 리더십을 강조할 수 있는 학교 간부 활동 같은 경력을 입학원서 접수 시 학교에 알리는 것도 좋은 방법이다. 또 예체능에 재능 있는 학생이라면, 그 사실을 학교에 전달하는 것도 도움이 된다. 면접 시에는 적극적이며 당당하고 예의 바른 태도로 면접관을 만나야 한다.

면접 전 집에서 부모님들 혹은 영어가 가능한 사람과 모의 면접 연습을 해보는 것도 좋다. 영어로 면접을 볼 수 있는 실력이 안 된다 하더라도 당황하거나 부끄러워하지 말고, 비록 자신의 영어 실력이 현재는 부족하지만 입학 후 열심히 노력하여 학교의 자랑이 될 것이라는 것을 표현하는 것이 좋다.

학교에서는 교과 성적 이외에 예체능 실력을 고려하기도 한다. 국제학교에서는 교내외 체육대회가 많아 학교 대표로 출전할 수 있는 실력을 가진 학생들이나, 악기를 잘 다뤄 교내 오케스트라와 밴드에 적극적으로 참여할 수 있는 학생들을 선호한다. 입학 자체만을 위해서가 아니라도 농구, 축구, 테니스, 수영 같은 체육이나 바이올린, 첼로, 기타 연주 등과 같은 실력을 쌓아놓으면 학생 생활에 보다 활발하고 적극적으로 참여할 수 있다.

학생보다 더
긴장하는 부모님

　국제학교에서는 입학을 접수한 모든 학생들에게 영어, 수학, 면접 등의 입학시험을 실시한다. 영어의 경우, 학생들이 정규 영어수업을 받을 수 있는지, 혹은 EAL(English as a Additional Language)이나 ESOL(English as a Second of Language)과 같은 별도의 영어수업을 받아야 하는지를 결정한다.

　수학 실력이 높은 학생들의 경우에, 영어로 된 지문을 이해하지 못해 문제를 풀지 못하는 경우도 있다. 그래서 학생들의 정확한 수학능력 측정을 위해 Dulwich College Suzhou와 같이 수학 지문이나 문제를 한국어로 번역하여 실시하는 학교도 있지만, 이런 경우는 많지 않다.

　면접은 학생들의 매너, 태도, 영어 구어 능력 등, 시험 이외의 학생의 성향과 성격을 평가하기 위한 시험이다. 따라서 면접관은 학생들이 질문에 대처하는 태도나 답변 방법을 관찰하므로, 예의 바르고 당당한 태도로 면접에 응하는 것이 아주 중요하다. 여러 입학 담당 선생님들로부터 한국 학생들은 교사들의 눈을 바로 쳐다보지 않는 것이 의아하다는 얘기를 듣곤 한다. 한국에서는 교시의 눈을 똑바로 응시하는 것이 예의에 어긋나는 것이지만, 외국에서는 상대방의 눈을 쳐다보지 않는 것이 예의에 벗어나는 것이다. 교사의 영어를 알아듣기 힘들거나 이해하지 못했을 경우에도 당황하지 말고, 다시 질문을 말해주기를 부탁하거나 답하기 어렵다고 대답하면 된다. 이때 가장 중요한 것은, 면접은 영어 실력 테스트와 더불어 학생들의 성격과 성향을 보는 것이니, 면접에 응하는 자세와 태도에 주의해야 한다는 점이다. 그리고 사실상 면접은 학생이 교문을 들어오는 순간부터라고 해도 과언이 아니다. 시험 전후에도 시험 감독관과 학교에서 만나는 사람들에게 예의바르게 행동하고, 면접 질문에 자신감 있고 밝게 답해야 한다.

✔ 부모님의 역할

시험 전날에는 입학시험 시 사용할 필기도구를 자녀들과 함께 챙기고, 자녀들이 지나치게 긴장하지 않도록 격려한다. 간혹 입학시험 날 자녀들보다 더 긴장하는 부모님들을 보기도 하는데, 이런 경우, 자녀들은 입학시험뿐만 아니라 부모님을 실망시켜서는 안 된다는 부담감까지 느낄 수 있어 자신의 실력을 제대로 발휘하지 못하기도 한다. 그리고 원하는 학교에 입학을 못 하게 되더라도, 학생들이 실망하지 않도록 용기를 북돋아주는 것도 부모님의 역할이다. 결국 학생들의 미래를 위해 학교를 선택하는 것이지, 학교를 위해서가 아니기 때문이다. 언제나 자녀가 먼저이다.

05

입학시험 후에, 합격했다면 감사편지를 보내고, 불합격했더라도 공손하게 인사하자

　보통 입학시험 결과는 1-2주 정도 안에 받게 된다. 대부분 시험 결과는 입학 신청서에 적어놓은 이메일로 통보되는데, 결과를 너무 재촉하지 않는 것이 좋다. 입학이 허가되는 메일이 왔을 때는 입학 담당자와 그 외에 도움을 준 사람들에게 감사의 이메일을 보내는 것이 좋다. 만약 결과가 좋지 않아 불합격되었을 경우에도, 감사의 인사와 더불어 다음 기회에 다시 입학을 신청하겠다는 긍정적인 이미지를 남겨놓아야 한다. 간혹, 결과가 예상한 것처럼 나오지 않아 학교에 불쾌감이나 화를 표현하는 경우가 있는데, 모든 학생들의 기록은 합격과 불합격을 떠나 학교에 저장되므로 이는 매우 바람직하지 않다.

　자신의 자녀가 원하는 학교에 입학하면 더 없이 좋겠으나, 원하는 학년에 자리가 없거나 혹은 입학시험에 합격하지 못하면, 시험을 본 학생보다 그 학생들을 지켜봐야 하는 부모님 마음이 더 아플 것이다. 이때, 자녀들에게 시험 탈락에 대한 부담을 주지 않으시길 바란다. 자녀들은 중국이라는 낯선 곳에서 지금껏 경험해 보지 못한 시험 형식이나 서양 선생님 앞에서의 면접시험에 이미 놀라 당황했을 것이고, 그것을 타국에서 위로 받을 수 있는 사람은 부모님밖에 없다.

시험 결과에 대해 납득이 가지 않거나 이유에 대해 알고 싶으면, 학교에 정중히 문의하면 된다. 하지만 결과의 원인에 대해 알려주지 않는 학교도 있다.

입학 접수를 하고, 입학시험을 치르기 위해서는 학교에 입학 신청비를 내야 한다. 입학 신청비는 학교마다 액수가 다르고, ISB(International School of Beijing-북경 미국 국제학교)와 같이 시험에 합격한 학생들에 한해 입학 후 신청비를 받는 학교도 있으나, 대부분의 학교들은 입학시험 전에 내야 한다. 이 신청비는 접수비와 같은 개념으로서 입학 여부와 상관없이 반환되지 않는 금액이다.

06 북경 국제학교 입학 상담 교사들의 조언

Michelle YK Chow-Liu
High School Counselor WAB

질문 대학을 입학하고자 하는 많은 학생들 사이에서 자신을 어떻게 표현하도록 조언하시나요?

답변 치열한 대학 입학 경쟁에서 자신을 가장 잘 표현할 수 있는 방법은 훌륭한 에세이(논문)라고 믿습니다. 대학 입학을 위한 에세이를 통해 학생들은 자신의 견해와 학습 성취 결과를 설명하고 나타냅니다. 베이징과 같은 국제도시에 살고 있는 우리 학생들은 세계 유명 대학들에 선배를 가지고 있어서 학교 선배들로부터 대학 입학에 관한 양질의 조언을 받습니다. 더불어 최근 미국 대학에서는 다양한 국제 경험을 가진 국제학교 학생들을 입학시키려는 움직임이 일어나고 있습니다. 이에 대한 예로, 지난 주 콜롬비아 대학, 조지타운 대학, 프리스톤 대학과 노스웨스턴 대학에서 우리 학교를 방문하는 프로그램이 있었는데, 많은 학생과 학부모님들이 이들 학교 관계자들과 만나 입학에 대한 조언을 얻는 시간을 가졌습니다. 우리는 학생들에게 이런 기회를 통해 대학 입학 담당자분들과 좋은 관계를 가질 수 있도록 조언하고 있습니다.

Michael Halley
Guidance Counselor
Canadian International School

질문 성공적인 학교생활을 위해 우리는 학생들에게 무엇을 조언할 수 있을까요?

답변 학생의 성공은 학생들의 동기 부여로부터 옵니다. 학생의 성공은 잘 짜인 학습 계획이나 훌륭한 선생님이 이루는 것이 아닙니다. 학생들은 자신들이 학교 구성원을 넘어서 보다 넓은 세상의 구성원임을 인식해야 합니다. 자신감 있는 학생이 되기 위해 학교에서는 편안한 학습 분위기를 제공하고, 학생들은 실수와 잘못은 배움과 성장의 기회라는 것을 반드시 이해해야 합니다. 자신이 한 실수를 돌아보고, 이에 대한 대안을 스스로 발견하는 것은 긍정적인 배움의 경험입니다. 성취에 대한 기대감은 높아야 하고, 발전을 위한 기회는 반드시 허용되어야 합니다. 학생들의 미완성 작품을 두고 평가를 하는 것은 진정한 평가가 아니라 벌입니다. 학생들로 하여금 미완성 혹은 불완전 프로그램을 교정할 수 있는 기회를 주고, 그 기회를 경험하는 것이 학습 성취입니다. 학교는 학생들에게 스스로의 자제력을 키울 수 있는 기회와 학급 규칙, 프로젝트와 할당된 독서 목록들에 대한 자신의 의견을 이야기할 기회를 주어야 합니다. 더불어 학생들의 관심, 가치와 자신의 독특한 특성들을 표현할 토론회도 마련해야 합니다. 학교생활의 특정 분야에 대해 자신의 생각을 발표하는 것은 학생들에게 자신감과 책임감을 높이고 학생으로서, 더 나아가 사회인으로서의 잠재력을 높이는 것입니다. 우리는 많은 활동에 참여하는 학생들이 학습적으로, 예체능적으로, 리더로서, 더 나아가 그 이상으로 발전하는 모습을 자주 봅니다. 다양한 분야의 경험들은 학생들이 성공적으로 사회에 나갈 수 있는 좋은 발판이 됩니다.

Kevin Huntley
IB Coordinator
Dulwich College Beijing

질문 학생들이 자신이 원하는 점수를 얻지 못했을 경우, 입학을 희망하는 학교에 어떠한 방법으로 지원할 수 있을까요?

답변 좋은 시험점수는 대학 입학 여부에 가장 중요한 요소이기는 하지만, 대학에서 학생들을 뽑을 때 시험 점수만을 보지는 않습니다. 점수가 평균이거나 그 이하인 학생의 경우에는 자신의 리더십이나 계획들을 입학 신청 시 보여주어야 합니다. 대학장이나 관계장들은 자신의 학교를 보다 흥미롭고 역동적인 곳으로 만들기를 바라기 때문에 흥미롭고 역동적인 학생들을 뽑기 원합니다. 나는 새롭고 흥미로운 프로젝트를 만든 학생들을 알고 있고, 그 프로젝트가 학생들의 입학 신청 시 아주 큰 도움이 된 경우를 많이 보았습니다. 12학년 학생들이 작은 UN 형식의 모의회의를 기획하여 선생님들에게 조언을 구한 적이 있습니다. 이 UN 모의회의 프로젝트는 내용이 아주 잘 조직되었고, 13학년까지 높은 수준을 유지했습니다. 이 학생들 중 한 명은 이 프로젝트로 본인이 획득한 SAT와 GPA보다 훨씬 높은 수준의 대학에 입학했습니다.

많은 대학이 이와 같은 능력 있는 학생들을 찾고 있습니다. 한 예로 Brandeis 대학을 들 수 있습니다. 그 대학 입학 신청서에는 '방과 후 시간을 어떻게 보냈나요?', '본인의 노력과 리더십을 어떻게 증명할 수 있나요?' 같은 질문들이 있습니다.

학생들이 중요시해야 하는 또 하나의 분야는 사회봉사입니다. 많은 학교들이 다른 사람들을 돕고 봉사에 자신의 시간을 기꺼이 할애하는 학생들을 원합니다.

좋은 성적을 받는 것은 원하는 학교에 입학하는 가장 좋은 방법입니다. 이외에 자신이 리더로 있었던 모임의 기록이나 자원봉사 기록 제출은 자신이 원하는 대학이 요구하는 입학시험 점수에 조금 못 미친 학생들이 학교에 보일 수 있는 좋은 방법입니다.

James Batten
Headmaster, BSB

James Batten
Headmaster, BSB

질문 자신에게 맞는 대학을 선택하고자 하는 학생들에게 조언을 주신다면요?

답변 지원할 대학을 선택하는 일은 청소년 학생들에게 가장 중요한 결정입니다. 학교와 전공은 대단히 방대하고 경쟁은 아주 치열합니다. 일반적으로 영국은 학과마다 평균 6:1의 경쟁률을 나타내며, 수의과와 같은 인기 학과의 경우엔 10:1의 경쟁률을 보이기도 합니다. 영국 대학에 진학하기 위해 학생들은 UCAS (Universities & College Admissions Service-대학 입학 서비스)를 이용하는데, 서비스를 통해 학생들은 대학 과정, 대학을 선택하고, 시험 점수, 개인 신상정보와 자기 소개서를 입력합니다. 자기 소개서를 통해 학생들은 자신이 지원한 학교에 지원 동기를 설명하는 기회를 갖습니다. 학교들 또한 UCAS에 학생들의 추천서와 졸업 전 시험 예상점수를 입력합니다. 학생들은 우선 자신의 전공을 선택해야 하지만, UCAS에서 영어학과를 선택할 경우 3,192개의 학교 결과가 나와 학생들이 당황스러워하기도 합니다. 그리고 대학을 선택하는 데 있어서 교외 혹은 도심에 있는 학교에 대한 차이점도 이해해야 합니다. 전자의 경우 야외 활동, 맑은 공기와 학생들 간의 긴밀한 유대관계에 유리하고, 후자의 경우엔 젊은 학생들이 좋아하는 흥미와 즐거움이 있으니까요. 자, 우리는 관심 있는 학과(경제학과)를 정확히 찾아 코드(L101)를 입력한 후, 그 과를 가진 22개의 대학을 찾을 수 있고, 학생은 5개 대학에만 지원이 가능합니다. 물론 각 대학마다 지원 시 요구하는 사항이 다르므로 그 사항을 정확히 파악한 후, 각 대학에서 요구하는 사항에 맞게 준비합니다. 이때 학생들에게 충분한 지도를 해줄 수 있어야 합니다. 학생들은 5개의 대학에만 지원을 할 수 있기 때문에, 반드시 원한다면 명망 높은 대학에 지원할 수도 있지만, 차선책도 준비해두어야 합니다. 그러면 어떻게 지원할 대학을 결정하는 것이 좋을까요? 선생님들, 부모님 그리고 친구들과 의논하는 것입니다. 전공과 위치를 정한 후, 지원서를 작성하며, 높은 성적을 받도록 노력해야 합니다. 영국 대학 지원에 대한 설명을 드렸지만, 이 과정은 세계 어디서나 비슷하다고 봅니다.

北京西站
BEIJING WEST RAILWAY STATION

입학 후의 학교생활

01

한국인으로서 서양식 사고방식을 배운 아이들

중국에는 국제학교 혹은 중국 학교를 다니고 있는 한국 학생들이 많이 있다. 오랜 시간 국제학교를 다닌 학생들의 경우 외국적 사고방식을 가지고 있는 경우가 많아, 한국으로 돌아갔을 때 두 가지 문화 사이에서 어려움을 겪는 경우가 적지 않다.

"저는 두 문화의 결정체예요."라고 북경에서 8년째 국제학교를 다니고 있는 김준일 학생은 말한다. 아버지가 주재원으로 북경으로 오게 되면서 초등학교 때 국제학교에 입학하여 현재까지 국제 중학교를 다니고 있는 것이다. 준일 학생과 같이 국제학교에서 오랜 기간 공부한 한국 학생들의 경우, 일반적으로 한국에서 생활하는 학생들과는 다른 사고방식과 문화를 가지고 있다고 생각한다. "때때로, 저는 틈 사이에 끼어 있다는 생각이 듭니다. 부모님으로부터 내 나라인 한국 문화의 영향을 받지만, 학교 안과 밖에서 외국 친구들, 외국 선생님들과 보내는 시간이 많아 사고방식은 서양 사람들과 같습니다."

물론 준일 학생은 한국 문화에 관심이 많고 한국 방송을 보지만, 친구들과 대화할 수 있는 미국 방송과 음악을 주로 시청한다. "물론 한국 음식을 좋아하고 한복도 멋지다고 생각하지만, 제 스타일은 아닌 것 같습니다."

이런 사고방식은 한국에서 생활할 경우 어려움을 겪기도 한다. 중국에서 오랜 기간 국제학교 생활을 하고 한국에 돌아간 스텔라(Stella) 학생의 경우, 한국인 외모를 가진 자신이 한국에서는 그저 한국 학생이지만, 한국에서 자신의 정체성을 인식하기는 쉽지 않다고 한다. 더불어, 자신이 한국 문화보다 미국 문화가 더 익숙한 데 대해 한국 친구들은 그것을 이해하기보다는 놀리는 경우가 있다고 한다.

이와 같이 한국 국적을 가지고, 중국에서 살며, 국제학교를 다니는 학생들 역시 '제3문화 아이들(The 3rd Culture Kids - TCK)'이라고 할 수 있다. 이런 학생들은 대부분 한국어 수준이 일반 한국 학생들보다 현저히 낮다. 하지만 한국으로 돌아갈 경우, 이들은 자신들이 편하게 사용하는 영어 대신 한국어로 자신의 생각과 의견을 표현해야 하기 때문에 어려움이 크다. 또 많은 사람들이 한국어를 잘 못하는 TCK 학생들을 이해하지 못한다. "한국으로 돌아갔을 때 학교에서 한국 수업을 받는 것이 너무 어려웠습니다. 한국어가 완벽하지 못한 상황에서 한국어로 모든 수업을 받고, 서술형 문제를 푸는 것은 대단히 어려운 도전이었으며, 제 자신에 대한 자신감이 상실되기도 했습니다."

최근의 조사에 따르면 많은 10대 TCK들이 자국으로 돌아가서 느끼는 차별을 걱정하고 있었다. 일반적으로 이런 한국의 TCK는 한국 내에서 호기심의 대상이 될 수 있다. 그리고 이것은 그들에게 상처가 되는 상황으로 이어질 수도 있다. "제 한국 친구들은 저의 외국 생활에 대해 묻곤 합니다. 그리고 TCK는 어떤지, 외국 아이들은 어떤지를 묻곤 합니다. 그런데 제가 TCK였고 외국 친구들을 한번도 외국인이라고 여기지 않았기 때문에, 이 질문에 답하는 것이 어렵습니다." 이런 질문을 받고 나면 자신은 어느 문화에도 속하지 않는다는 생각을 하게 된다는 것이다. 중국에서 6년을 살고 귀국한 이영은 학생은 종종 '너는 한국사람 같지 않다.'라는 말을 듣곤 했는데, 그럴 때 더욱 더 자신의 정체성이 흔들린다고 한다.

두 자녀를 국제학교에서 5년 동안 공부시키고 한국으로 돌아간 한 어머님은 자녀들이 국제학교에서 익혔던 영어 실력을 유지하기 원한다. 국제학교에 처음 들어갔을 때 언어 장벽으로 인해 친구들과 수업에 어려움을 겪었기 때문에, 혹시라도 그런 기회가 다시 왔을 때 같은 불편함을 겪게 하고 싶지 않고, 어렵게 공부한 영어를 잊어버리게 하고 싶지도 않기 때문이다.

동시에 많은 부모님들은 한국어 공부의 중요성도 인지하고 있어서, 상해와 북경 같은 대도시에서는 토요일 오전 한국 학교에서 한국어를 배우도록 하고 있다. 국제학교를 다니는 학생들은 한국 국제학교가 운영하는 주말 한글학교에서 한국 교실문화, 역사, 애국가, 전래동화 등 학생들이 외국 생활에서 접하지 못하는 것을 경험할 수 있는 유익한 시간을 가질 수 있다.

예전의 교우관계를 계속 유지하자

Nur Hazirah Jamal - 12학년

나는 제3문화 아이(Third Culture Kid-TCK)로 여러 나라에 살면서 많은 곤경과 어려움을 겪었다. 처음 외국으로 왔을 땐, 내 친척들과 친구들이 너무 그리웠다. 그들을 더 이상 매일 볼 수도 없는데다, 새로운 환경에 적응하고 새로운 친구들을 사귀어야 한다는 것이 싫었다. 나는 학교에 다니던 아이들에게 '새로 온 아이'였다. 나는 한동안 변화와 새로운 생활을 거부했다.

새로운 친구들을 만날 때마다 나는 내 예전 친구들을 배신하는 것 같은 기분이 들었다. 나는 매일 밤 내 나라로 돌아가는 꿈을 꾸었고, 부모님의 바람과 달리 새로운 친구들과 잘 어울리지 못했다. 나는 어리석었고, 내가 어려서 그렇다는 것은 단지 변명에 불과했다. 나는 나의 행동이 내 주변의 다른 사람들뿐만 아니라 나 자신에게도 상처가 된다는 것을 알게 되었다. 그 후로 나는 내가 가졌던 모든 반감을 없앴다. 그리고 난 예전 친구와 새로운 친구들 모두를 동시에 가질 수 있다고 생각했다.

나는 이 시기에 다른 3개의 국가에서 3개의 고등학교로 전학을 다녀서인지, 친구를 사귀고 그 친구들과 작별하는 것이 조금 쉬워졌다. 요즘같이 인터넷이 발전한 시대에는 영원한 작별이 없다는 것도 알았다. 우리 부모 세대와 달리 우리 세대에는 같은 조국의 사람들끼리만 유대감을 갖지 않는다. 친구와 가족들은 매일 만나지 않아도 전화, 이메일, 문자메시지 등 여러 방법으로 연락할 수 있고, 부지런하다면 블로그를 통해 다른 사람들과 소식을 교환할 수 있다는 것도 알았다.

02 자녀의 학업 외 생활 관리하기

북경 소재 해외유학생활센터 이사 제프리 비셀(Jeffrey Bissell)의 조언

저는 1999년 중국 북경으로 처음 와서 국제학교 학생들과 학부모들을 상담하고 만나며 여러 가지 상황들을 접했는데, 가장 문제시되는 것이 10대 음주였습니다. 자유를 갈구하는 청소년들과 그들을 지나치게 보호하고자 하는 부모님들의 갈등은 시대와 장소를 초월한 숙제입니다.

서양 부모들은 자신들의 자녀들이 독립적이고 활동적이며 자립적이기를 바라며, 중고등학생인 자녀들 스스로도 부모의 그늘에서 벗어나고 싶어 합니다. 10대 시기에 어른이 되기 위해 겪는 혼란은 부모에게나 학생에게나 모두 힘든 과정이지만, 이 모든 것이 지극히 자연스러운 과정입니다. 반대로 동양 부모들은 자녀들이 부모의 말에 복종하고 행동하기를 바랍니다. 제가 아는 대부분의 동양 아이들의 경우, 부모님들이 자녀들을 조절하며, 자녀들에게 많은 자유를 허용하지 않습니다.

자, 그럼 이렇게 호기심이 왕성하고 독립적인 서양 학생들이 미성년자에게도 술을 팔고 술값이 비교적 싼 중국에서 어떻게 할까요? 서양 부모님들에게 이것은 반드시 생각해봐야 할 문제이지만, 동양 부모님들은 그렇지 않은 경우가 많습니다. 동양에서는 10대 음주 문제가 그리 크지는 않은데, 이유는 서양 아이들과 달리 금요일 밤이나 주말에 부모 없이 외출하는 경우가 거의 없기 때문입니다. 그래서 동양 부모들은 국제학교를 다니는 자녀들이 서양 친구들과 외출하면, 통금시간을 정하거나 집으로 초대하는 경우가 많습니다. 그리고 자녀들의 탈선에 대해서는 큰 걱정을 하지 않습니다. 하지만 서양 부모들은 이런 동양 부모들이 이해되지 않기도 합니다.

'술을 마시느냐 안 마시느냐, 그것이 문제로다.'

10대 학생들(중국은 미성년자에게 술을 판매하는 것이 문제가 되지 않는다)에게는 이것이 문제입니다. 10대 학생들은 이미 술을 마시는 것이 그리 큰 문제라고 생각하지 않습니다. 하지만 알코올은 중독 가능성이 있고 10대 학생들의 음주는 성장에 해가 되므로 피해야 합니다. 술을 사람들과 어울리기 위한 수단이 아니라 감정적, 정신적 문제에서 탈출하고자 마시는 사람들도 있습니다. 북경을 비롯한 중국 내에서 청소년들의 음주가 문제되는 이유는 술의 가격이 낮고 판매량과 영업을 위해 나이 제한 없이 술을 판매하기 때문입니다. 비록 중국 내에서는 음주 제한 나이가 없지만, 중국 정부에서는 이를 점차 개선해나가고 있습니다. 몇몇 중국 내 도시에서는 이 문제에 대해 의식하고 있고, 상해에서는 미성년자에게 술과 담배를 판매하는 것을 금지하고 있습니다.

이 외에 정신건강도 매우 중요합니다. 한국 학생들의 경우, 영어 실력 향상을 위해 과외를 하거나 학원을 다니는 경우가 대부분인데, 이때 영어 선생님의 경력과 신상정보를 파악하는 것은 필수입니다. 중국 한 지역 내에서 영어강사로 일하던 한 미국인은 가정교사도 겸하고 본인 집에서도 수업을 하기도 했습니다. 주말에는 스포츠 강사로도 활동하곤 했는데, 스포츠 운영진이 신분증 제출을 요청했으나 거절했지요. 그러자 이를 수상히 여긴 운영진이 신분을 파악한 결과, 미국에서 아동 성범죄자로 수배중인 범인이었습니다. 그 범인은 학생들을 자신의 집으로 초대해 잠을 재우기도 하고 목욕도 같이 한 것으로 알려져 큰 충격을 주었습니다. 영어 선생님의 신분은 여권번호를 대사관에 알려주면 대사관에서 확인할 수 있습니다. 이는 우리 자녀들의 안전을 위한 것이므로 망설이거나 미안해할 필요가 없습니다.

대부분의 국제학교 카운슬러 선생님은 국제학교 학생들을 대상으로 자신을 보호하는 교육을 꾸준히 실시하고 있습니다. 충분한 사전교육과 예방이 학생들 스스로를 안전하게 지키는 방법이며, 이 부분에 대해서는 가정에서도 강조해야 합니다.

의심할 필요 없이, 중국에서 10대를 보내는 것은 학생에게나 부모에게나 모험이 아닐 수 없다. 국제학교 10학년에 재학 중인 스콧 김(Scott Kim) 학생을 인터뷰해서 그들의 생활이 어떻게 변화했는지 들어보았다.

작자 중국에서의 고등학교 시절은 어떠한가요?

스콧 김(Scott Kim) 학생 아이들은 큰 도시에서 더욱 빠르게 성장한다고 합니다. 10대들에게 규율과 제한이 엄격한 한국에서 모든 기준과 제한이 청소년과 성인에게 구별이 없는, 특히 외국 학생들에게는 더욱 그러한 중국으로 이사 와서는 무척 당황했습니다. 중국에 있는 국제고등학교에 입학했을 때는 제가 접하게 될 당황스러운 상황에 대해 전혀 준비가 되어 있지 않았습니다. 제 주위의 모든 아이들이 저보다 성숙해 보이고, 지식도 높아 보이고, 경험도 풍부해 보였습니다.

작자 한국에서는 좀처럼 일어나지 않는 일들 중, 중국에서 스콧 김 학생을 당황스럽게 한 일은 무엇이 있었나요?

스콧 김(Scott Kim) 학생 한국에서는 약물 남용에 대해 전혀 본 적도 경험한 적도 없었는데, 이곳에서 약물을 하는 친구들이 있다는 이야기를 듣고 무척 무서웠습니다. 물론 이야기가 마치 지어낸 것처럼 들렸지만, 미성년자도 쉽게 술과 담배를 살 수 있는 중국에서 아이들은 쉽게 유혹에 빠지기도 합니다. 친구들이 주말에 클럽에서 아무 제약 없이 술과 담배를 즐기며 즐겁게 놀았던 얘기들을 주고받을 때는 자주 소외감을 느낍니다.

작자 그러면, 그러한 상황에 술과 담배를 할 수도 있다는 유혹에 쉽게 빠질 수 있다고 생각합니까? 더불어 그러한 상황으로 이끄는 친구들이 있나요?

스콧 김(Scott Kim) 학생 고학년일수록 그러한 유혹은 더욱 많아집니다. 우리 학교에서는 그런 학생들이 주로 학교 밴드에 있습니다. 제가 그 밴드에서 유일하게 음악에 대해서만 얘기하는 학생일 것입니다. 저는 주말에 밴드 친구들과는 잘 어울리지 않는데, 그 친구들과 -대부분 서양친구들이지만- 사는 지역도 멀고, 그 친구들이 밴드 연습 후 어디로 갈 것인지를 알기 때문에 만나지 않습니다. 그리고 그 친구들은 자신들이 클럽에 갔다 온 것을 오히려 자랑스럽게 친구들에게 얘기하곤 합니다.

작자 중국에 사는 외국 학생들에게, 한국 학생들을 포함해서, 약물 복용은 큰 문제인가요? 얼마나 많은 학생들이 약물과 술을 복용합니까?

스콧 김(Scott Kim) 학생 물론 많은 학생들이 생각 없이 약물이나 술을 복용하는 것은 아닙니다. 하지만 사실, 많은 기회는 아니었지만, 시내에 나가면 식당에서, 극장에서 쉽게 술과 담배를 살 수 있습니다. 생각이 바른 학생들은 그러한 유혹에도 넘어가지 않지만, 그렇지 않은 학생들도 많습니다. 하지만 한국 학생들과 같은 아시아 학생들은 약물이나 술을 복용하는 경우가 극히 적은데, 아마도 우리가 그런 경험을 하기에는 너무 바쁘기 때문인 것 같습니다.

작자 이것이 학교와 부모들의 책임이라고 생각하나요?

스콧 김(Scott Kim) 학생 우리 학교에서는 지금까지 학교에서 담배를 피워서 적발된 것이 단 한 번 있었습니다. 그 학생들은 정학을 당했고, 그 이외에는 그러한 불미스러운 일이 없었습니다. 부모님에 대해 얘기하자면, 저와 제 친구들의 부모님들은 매우 엄격하시고, 술과 담배 중독의 심각성에 대해 저에게 많이 얘기해주셨습니다. 술이나 담배를 하다가 적발당하면 바로 한국으로 보낸다고 하셨는데, 저는 아버지가 반드시 그렇게 하시리라는 것을 압니다. 그런데, 자식에게 지나치게 관대하거나 관심을 주지 않는 부모님들도 많이 계십니다. 저는 그분들이 자신들의 자녀들이 무엇을 하는지를 안다면 그렇게 느긋하실 수는 없다고 생각합니다.

작자 학교가 방과 후 학생들의 생활에 대해 어떠한 영향을 준다고 생각합니까?

스콧 김(Scott Kim) 학생 솔직히 그렇다고 생각하지 않습니다. 물론 교내에서 약물을 복용할 경우, 정학을 당하거나 심할 경우 퇴학도 당할 수 있지만, 교외에서의 생활에 대한 교육이나 충고를 하지 않습니다. 물론 한다고 해도 학생들이 그것을 들을지는 의문입니다.

작자 부모님들이 이와 같은 상황을 어떻게 대처해야 한다고 생각합니까?

스콧 김(Scott Kim) 학생 대답하기 어렵네요. 부모님들은 자녀들을 좀 더 세심하게 돌봐야 하지만, 그렇다고 지나치게 자녀들을 간섭하여 그것이 자녀들에게 스트레스로 다가와서는 안 될 것입니다. 하지만, 부모님들은 자녀들의 행동거지를 유심히 지켜볼 필요는 있습니다. 제가 친구들과 외출을 할 경우에, 저희 부모님은 제가 어디를, 누구와 가는지에 대해 자세히 물어보십니다. 이것이 어쩔 때는 부담스럽기도 하지만, 제가 스스로 부모님의 보호와 관심을 받고 있다는 것을 자각하게 됩니다.

대니얼 앨런(Daniel Allen) - 북경 United Family Hospital(연합 가족병원)
가족상담 센터 심리박사

북경(물론 다른 지역들에도)에 살고 있는 부모님들을 위해 북경 연합 가족병원 가족상담 심리박사인 대니얼 앨런(Daniel Allen) 씨가 10가지 조언을 한다.

1. 자녀들의 친구가 누구인지 정확히 알아야 한다. 가끔 집으로 초대하여 집에서 어울리도록 한다.

2. 자녀들이 어디에 있는지 정확히 알아야 한다. 하지만 이것은 학생들의 행동을 모두 저지하거나 조절하라는 말은 아니다. 학생들은 긍정적인 성격 형성을 위해 얼마간의 자유가 필요하다. 지나친 간섭은 오히려 역효과를 낳는다.

3. 적절한 통행금지 시간을 정한다.

4. 다른 부모님들과 대화를 나눈다. 다른 부모님들과 아이디어, 충고와 문제점 등을 상의한다. 자녀들의 문제와 스트레스에 대해 알고 있어야 한다.

5. 주말이나 휴일에 가족 간의 유대감을 증진시킬 수 있는 충분한 시간을 가져야 한다.

6. 자녀들과 음주와 흡연의 문제점에 대한 설명회를 들어도 도움이 된다. 하지만 절대 설교하려고 해서는 안 된다.

7. 문제가 있을 때는 언제든지 부모가 들어주고 도움을 줄 수 있다는 것을 얘기해주고, 자녀들이 그렇게 느낄 수 있도록 부모가 도와줘야 한다.

8. 자녀에게 문제가 있을 때는, 혼자만의 문제가 아니라 가족의 문제로 인식하고 함께 문제를 해결하도록 해야 한다.

9. 사전에 경고만 하고 문제가 생겼을 때 반응하지 않는다면, 자녀들은 오히려 그 상황에 당황해 한다.

10. 가능하다면 문제해결 체험단과 같은 교육에 참여하는 것도 도움이 된다.

03

우리 자녀의 건강과
안전은 이렇게 관리하자

자녀와 해외로 이주하는 것은 큰 모험이므로, 이주 전 안전과 위험에 대해 서로 대화를 나누는 것이 중요하다. 다행스럽게도 중국에서는 잠재적인 위험이 다른 서양 국가에 비해 낮다. 북경과 상해에서 외국 학생들이 공격당하는 경우는 극히 드물다. 학생들은 외부적인 폭력에 대한 것보다 오히려 새로운 환경에 적응하는 스트레스로 더욱 힘들어한다. 특히 영어로 전 과목을 수업해야 하는 국제학교에서 영어가 서툰 우리 학생들은 심신이 쉽게 지친다.

이와 같은 적응 문제 이외에, 중국에서는 학생들에게 해가 될 수 있는 환경적 문제들이 존재한다. 북경은 세계에서 가장 공기오염이 심한 곳으로 알려져 있고 실제로도 그렇다. 매년 건조한 공기와 오염된 물로 인해 피부병과 기관지 질병 환자가 지속적으로 늘어나고 있다. 상해는 그에 비해 비교적 나은 편이다. 미국 대사관 홈페이지 올라온 평가 발표에 의하면, 중국 물의 오염이 '계속되는 문제'로 제기되었다. 북경과 상해에서 물 오염 개선을 위해 많은 노력과 프로젝트를 진행 중에 있으나, 2020년까지는 그 결과를 보기 힘들 듯하다.

연합 가족병원(United Family)의 Yana Zhang 선생은 "서양 학생들은 공기오염에 굉장히 민감합니다. 그리고 기존에 기관지염이나 비염을 가지고 있지 않던 학생들도 쉽게 이러한 질병에 걸리는 환경에 노출되어 있으므로, 중국으로 오기 전에 이 같은 질병에 쉽게 반응하는지 검사를 받아보는 것이 좋습니다."라고 조언한다.

중국에 도착하면 가족들 건강을 위해 사전에 준비해야 할 것이 있다. 조금 가격이 비싸더라도 공기 청정기를 구입하고, 공기 오염이 심한 날에는 중국 현지인들처럼 마스크를 착용하는 것이 좋다. 감기나 기관지염 증상이 있으면 조기에 치료해야 하며, 학생들에게 몸을 청결히 하도록 교육한다. 공기 오염을 피하기 위해 주기적으로 중국에서 출국하는 가족도 볼 수 있다.

상해 의학박사인 미카엘 모튼(Michael Moreton)에 의하면, 공기 오염도 물론 걱정이지만, 그보다 위험에 대해 미리 지나치게 걱정하는 것이 더 문제라고 지적한다. "중국에서 생활하는 외국 학생들은 대부분 안전합니다. 부모님들은 오히려 본국으로 돌아갔을 때 생길 수 있는 위험에 대해 걱정합니다. 공기와 물의 오염 이외에도 부모님들은 수영장, 전기사고, 교통사고와 유괴, 교내 폭력과 같은 사고를 우려하시지만, 중국 내에서는 이러한 문제가 자주 발생하지 않습니다."

물론 공사가 많고 개발 중인 북경과 상해 같은 중국 도시의 경우, 도로 사정이 좋지 않고 운전자들이 교통위반을 하는 경우가 많아 교통사고가 잦다. 『중국 데일리(China Daily)』에 의하면, 중국 북경에서만 매년 1,000여 명이 교통사고로 목숨을 잃는다고 한다. 우선 운전자들의 사고방식이 문제이다. 개인의 이기심을 위해 교통 법규를 어기며, 신호등 위반은 다반사다. 음주운전도 예사다. 일부 중국인들은 안전벨트를 착용하지 않으며, 안전벨트가 없는 학교 버스도 있다. 그래서 대다수의 외국인들은 학생들의 안전을 위해 학교와 가까운 곳에 거주한다.

국제학교 입학 담당부장인 리 닝(Lee Ning) 씨는 학교는 학생들의 안전을 가장 우선시하며, 교직원 모두가 매년 정기적으로 건강에 대한 교육을 받고 있다고 한다. 더불어 학부모에게도 이와 같은 교육을 실시하고 안내한다. "학부모는 학생들의 안전을 위해 학생들이 가지고 있는 질병이나 병력을 학교에 반드시 알려주어야 한다. 그래야 학교에서 만일의 사태를 대비할 수 있다." 학교에서는 학생들의 긴급 연락망과 주치의 연락처를 소지하여 문제가 발생할 때 바로 대처할 수 있다.

의학적 보호 이외에도 학교에서는 학생들의 안전을 위해 노력한다. "부모님이나 부모님이 알려주신 보호자, 혹은 학교에서 발급한 신분증을 가지고 있는 분의 보호 없이는 학생들이 학교 버스에서 내릴 수 없습니다."

무엇보다도 중요한 것은, 중국에서 외국인으로 사는 한국 사람으로서, 자녀들에게 건강과 주변의 위험 상황에 대해 잘 설명하고 무엇을 조심해야 하는지 이해시키는 일이다. 학생들은 비상시를 대비해 휴대폰을 소지하는 것이 좋으며, 학교를 선택할 때도 학교에서 학생들의 안전을 잘 고려하는지 확인하도록 한다. 이러한 과정이 외국 생활에서 안전하고 긍정적인 시간을 갖도록 도울 것이다.

04

아이 ^{Ayi}
중국 생활에서
중요한 가족의 협조자

> 아이(Ayi)와 좋은 관계를 맺으면 가족의 삶의 질이 높아질 수 있다.

중국의 인건비는 한국에 비해 비교적 낮아 한국에서 온 대부분의 가정이 현지인 가정부나 조선족 가정부를 고용하고 있다. 이러한 가정부를 중국말로 아이(Ayi)라고 부른다. 정확한 뜻은 '이모'라는 의미로서, 가사일 혹은 자녀들을 돌보는 일들을 한다. 모든 관계가 그렇듯 아이와 마찰이 있을 수도 있고 관계가 좋지 않을 수도 없다. 하지만 불필요한 마찰을 피하기 위해(자녀들을 돌보는 경우는 더더욱 중요하다) 아이를 고용하기 전이나 고용한 후에도 반드시 알아야 할 사항들이 있다.

☑ 문화의 이해

가족과 아이의 문화적 마찰을 피하기 위해서는 스스로가 먼저 인내하고 참아야 한다. 마찰을 피하기 위해 한국인 집에서 일을 해본 경험이 있는 아이나 한국어가 가능한 조선족을 소개소로부터 소개받아 고용하기도 한다. 소개소에서는 아이들의 경력과 나이만 관리해 정확한 경력의 내용을 확인하기 어려우며, 수수료 지급을 요구하는 소개소도 있다. 그러므로 아이를 구하는 가장 좋은 방법은 주변 지인의 소개이다. 이때 아이의 성격, 습관, 출신 배경 등을 듣는 것이 좋다.

아이에게 자녀들의 보모나 보호를 맡길 경우에는, 사전에 아이에게 주의사항과 금지사항에 대해 충분히 이해시켜야 한다. 아이는 스스로 자신의 역할이 무엇인지 충분히 이해할 수 있어야 하고, 가족 구성원들에게도 아이를 대하는 방법에 대해 미리 설명한다. 아이를 고용한 후에도 아이와 가족 구성원들이 서로 적응하기 전까지 많은 대화를 나누는 것이 좋다. 아이를 처음 고용해본 한 가족은 아이가 자신의 교육에 지나치게 간섭하는 것 같다는 생각을 받고 불쾌함을 느낀 적이 있다고 한다. 아마도 이것은 이전에 일을 했던 가정에서 그 아이에게 그것을 원했을 수도 있고, 그렇게 하도록 교육을 받았을 수도 있다. 그럴 경우, 우선 가족 구성원들과 상의한 후, 아이에게 현재 가족들이 원하는 것이 무엇인지 알려주는 것이 좋다.

만일 아이가 집안일을 돕는다면, 아이들이 어떤 도구를 쓰는지 한동안 지켜봐야 한다. 중국인들의 위생 관념이나 의식이 아직 높지 않기 때문에, 가정의 위생과 건강을 위해 집에서 쓰는 청소도구와 부엌용품을 명확히 잘 구별시켜야 한다.

"전 아이 덕분에 새로운 친구가 생겨버렸어요. 아이가 위생관념이 부족해서 음식물을 청결하지 않게 다루는 바람에 제 가족은 지아르디아(Giardia - 동물 배설물에 의해 오염된 물을 통해 사람에게 전염되는 병)에 걸렸습니다. 이 병은 치료 기간이 상당히 오래 걸리는 고질병입니다."

이러한 상황을 방지하기 위해 채용 전후로 아이에게 청결문제, 안전문제, 휴가문제 등을 충분히 이해시켜야 한다. 중국에서의 생활을 보다 편안하게 하고자 고용한 아이가 도리어 가족 구성원에게 스트레스나 해가 되어서는 안 된다. 이를 위해서는 무엇보다 대화가 가장 중요하다.

☑ 신뢰

아이를 고용한 많은 사람들은, 아이의 모든 시간은 자신을 위해 돌아가야 하며, 아이에게 아이 자신의 생활이 있다는 것을 잊곤 한다. 많은 시간을, 혹은 시간제로 고용 가정에서 일하지만, 아이들에게 책임감과 신뢰를 요구하기란 좀처럼 쉬운 일이 아니다. 고향이 가까운 아이들은 종종 고향을 다녀오기도 하는데, 한 번 두 번 횟수가 점점 늘기도 하고, 예고 없이 고향에 가기도 한다. 이를 위해 고향이 먼 지역의 아이를 고용하기도 하며 '만일'을 위해 아이의 신분증 사본을 보관하기도 한다. 더불어 연휴에 고향에 간 후 돌아오지 않는 경우도 있으니, 이 같은 상황도 대비하는 것이 좋다.

☑ 교육 수준

만약 아이에게 자녀를 돕는 역할을 맡겼다면, 아이는 가정부보다는 보모 역할에 더 치중될 것이다. 이럴 때 부모가 중국어를 못 하면, 자녀들에게 중국어를 접하게 할 수 있는 아주 좋은 기회이다. 운이 좋다면 자녀들의 숙제도 아이들이 도와줄 수 있을 것이다. 하지만 아이의 중국어 발음이 좋지 않거나 심한 사투리를 사용할 경우, 자녀들이 그것을 배워버린다. 이를 방지하기 위해 중국어가 가능한 사람에게 아이의 발음을 확인하는 것이 좋다.

북경의 한 부모는 아이를 고용할 때 아이의 중국어 수준을 가장 고려하는데, 이는 자녀들의 중국어 교육에 아이들의 발음이 많은 영향을 미친다고 믿기 때문이다. "제 아이는 북경 출신으로 발음이 아주 좋습니다. 이것은 제 자녀들뿐만 아니라 저의 중국어 실력에도 큰 도움이 됩니다. 하지만 주변에 안후이 지역 출신의 아이들을 고용한 집을 많이 보는데, 그 아이들의 발음은 알아듣기가 상당히 어렵습니다."

✔ 성향

아이를 고용할 때는 아이의 성향과 성격이 나와 맞기를 바랄 것이다. 그런데 아이와 나의 관계는 고용인과 고용주의 관계임을 명심해야 한다. 따라서 내가 어떠한 아이를 고용하기 원하는지 본인 스스로가 잘 알아야 한다. 무조건 복종하고 질문 없이 따르는 고용인을 원하는가, 아니면 보다 진취적이고 계획적인 고용인을 원하는가? 물론 두 경우 다 위험이 따른다. 전자는 익숙하지 않은 상황이 발생했을 때 고용주의 설명이나 지시 없이는 스스로 일을 할 수가 없다는 것이다. 그리고 후자는 고용인과 마찰이 생길 확률이 높다. 명심해야 할 것은 습관은 바뀔 수 있으나 성격은 바뀌기 어렵다는 것이다. 그래서 아이와 문제가 생기면, 그 원인이 아이의 습관 때문인지, 아니면 성격 때문인지 결정하는 것은 고용주들의 몫이다.

☑ 보호

자녀들을 돌보거나 보호하는 역할을 하는 아이를 고용할 때는 두 가지의 보호를 고려해야 한다. 즉 개인재산 보호와 감정 보호가 그것이다. 개인재산 보호를 위해서는, 고용 후 일정 기간 동안 아이를 지켜보는 것도 좋고, 이전에 일했던 가정으로부터 아이의 성향을 듣거나 소개소에 과거의 내역을 자세히 문의한다. 사소하게 물건을 가져갈 땐 경고하면 되지만, 집을 비우거나 장기간 해외여행을 갈 때는 아이에게 집을 맡기기 어렵다. 그래서 고용 전에 아이의 신분증이나 통장 사본을 반드시 받아두어야 한다. 그렇지 않으면 집안의 물건을 도난당해도 경찰에서 도울 방법이 전혀 없기 때문이다.

더불어 가장 중요한 재산인 우리 가족을 보호해야 한다. 아이들이 자녀를 어떻게 대하는지, 어떻게 훈육하는지 자세히 관찰해야 한다. 그리고 우리 자녀들이 아이를 어떻게 대하는지도 반드시 지켜봐야 한다. 자녀들이 아이에게 예의 바르게 행동하는가? 자신이 해야 할 일을 아이에게 미루지는 않는가? 간혹 아이들이 자녀들에게 지나치게 맹목적이거나, 자녀들이 아이들에게 무례하게 구는 경우가 있다. 이럴 경우, 자녀들에게 무엇인 올바른 것인지 생각하게 하고, 아이에게는 자녀들의 훈육방법에 대해 조언을 해주어야 한다.

두 번째로 간과하기 쉽고 다치기 쉬운 것은 '감정의 보호'이다. 아이가 자녀들을 돌볼 경우, 아이 와 자녀들 사이에 특별한 관계가 형성되기 마련이다. 그런데 이를 질투하거나 지나치게 아이에게 의존해서는 안 된다. 아이가 자녀들을 돌보더라도, 자녀들과 부모는 그들만의 특별한 유대관계와 질적인 시간이 필요하다. "저는 세 자녀를 24시간 돌보는 스트레스를 줄이려고 아이를 고용했습니다. 아이가 있어 자녀 한 명 한 명과 특별한 시간을 보낼 수 있습니다."라고 어떤 이는 말한다. 아이가 자녀의 밥을 준비하고 씻기는 수고를 덜어줌으로써, 부모는 자녀와 즐거운 시간을 보낼 에너지를 절약할 수 있다. "부모들이 너무 힘들면, 아이들과 시간이 생겼을 때 정작 하는 것은 그저 앉아서 자녀들이 노는 모습을 쳐다보는 것뿐입니다."

위의 두 가지의 보호를 위해 아이에게 예의 있고 열린 마음으로 다가갈 필요가 있다. 이것이 아이와 가족이 오랜 시간 신뢰를 바탕으로 지낼 수 있는 황금률이다. 어느 부모는 이렇게 조언한다. "아이가 우리 자녀들을 진심으로 사랑하고 안전하게 보호하길 원한다면, 우리가 먼저 아이를 사랑하고 보호해야 한다고 믿습니다."

참조

중국의 **명문** 국제학교 입학하기

중국 내 주요 국제학교 리스트

북경

Beijing 베이징

- ★ Beijing BISS International School
- ★ Beijing City International School
- ★ Canadian International School of Beijing
- ★ Dulwich College Beijing (DCB)
- ★ Etonkids International Kindergarten & Etonkids Bilingual Kindergarten
- ★ German Embassy School
- ★ Harrow International School Beijing
- ★ International Academy of Beijing (IAB)
- ★ International School of Beijing (ISB)
- ★ The British School of Beijing
- ★ The International Montessori School of Beijing (MSB)
- ★ Western Academy of Beijing (WAB)
- ★ Yew Chung International School of Beijing (YCIS)

Beijing BISS International School

설립 년도	1994년
승인 & 제휴	IB,학교 교과과정과 교과서 발전 국가센터(National Centre for School Curriculum and Textbook Development-NCCT), 북경 교육위원회 인증, 국제학교 위원회 회원(Council of International School-CIS), 서양학교/대학 연합(Western Association of Schools and Colleges-WASC), 국제 학교 동아시아지구 위원회 (East Asian Regional Council of Overseas Schools-EARCOS), 중국과 몽골리아 국제학교 연합(Association for China and Mongolia International Schools-ACAMIS)
학년	유치원 - Grade 12
학생 나이 (만)	만 4-18
학생 수	340+
학생 국적 수	40개국 이상
교과과정	BISS는 중국 북경에서 최초로 IB재단(International Baccalaureate Organization)으로부터, 초등학교(Primary Years Programme-PYP), 중학교(Middle Years Programme-MYP), 고등부 디플로마 프로그램(Diploma Programme-DP)의 IB 프로그램을 제공을 허가 받음.
수업 언어	영어
제2외국어	중국어, 일본어, 한국어, 불어, 스페인어
교사	56명. 10개국 이상의 경력 많은 외국교사들로, 대부분 미국, 영국, 호주, 캐나다, 프랑스, 포르투갈 국적임.
보조교사	각 반에 담임교사 업무보조
각반 정원	20명 이하
교사 대 학생 비율	1:7
수업시간	8:15 - 3pm

방과 후 활동 After-School Activities-ASA	50개 이상. 아카펠라 합창단, 필드하키, 록밴드, 크리스탈 꽃 만들기 등
학교 의무실	교내 병원, 의료교사 교내근무
학교 버스	유
학교 점심	유
입학 접수비 & 학비	접수비(Admission Fee): RMB 3,800 등록금(School Fees): RMB109,800-RMB196,800 반환되는 적립금(Refundable Deposit): RMB18,000-RMB23,000 ESOL반 학생의 경우, RMB16,600을 처음 시작할 때 납부한다.
연락처	주소: 17, Block 4, AnzhenXili, Chaoyang District 전화: 86 10 6443-3151 팩스: 86 10 6443-3156 www.biss.com.cn Email: admissions@biss.com.cn

Beijing City International School

설립 년도	2005년 8월
승인 & 제휴	IB(International Baccalaureate) 위원회로부터 PYP(Primary Years Programme-초등학교 과정), MYP(Middle Years Programme-중등부 과정), DP(Diploma Programme-디플로마 과정)을 승인받음. 중국과 몽골리아 국제학교 연합(Association for China and Mongolia International Schools-ACAMIS), 국제학교 위원회 지원학교(Candidate School of the Council of International Schools-CIS), 중학교 서양연합(Western Association of Secondary Schools-WASC), 베이징/천진 국제학교 체육연합회 정규회원(Regular Member of the International Schools Athletic Conference Beijing/Tianjin-ISAC)
학년	유치원 - Grade 12
학생 나이 (만)	만 3-18
학생 수	650
학생 국적 수	50개국 이상
교과과정	BCIS는 Nursery부터 Grade12학년까지 PYP, MYP와 DP의 IB과정을 진행한다.
수업 언어	영어
제2외국어	중국어, 한국어, 스페인어
보조교사	유
각반 정원	Nursery: 14명, Pre-Kindergarten/Kindergarten: 16명, 초,중/고등학교: 20명
교사 대 학생 비율	1:5
수업시간	8:15 - 3:20pm
방과 후 활동 After-School Activities-ASA	키즈 요가, 수영, 크로스컨트리, 체조, 언어게임, 독서틀럽, 합창, 체스, 테니스, 장기, 태권도, 쿵푸, 탁구, 서예, 드럼, 요리, 사진, 록밴드 등, 35개 이상의 방과 후 활동을 제공한다.

학교 의무실	2명의 간호교사
학교 버스	유
학교 점심	유
입학 접수비 & 학비 2010/2011년도	접수비(반환불가): RMB 2,000 입학비(New Student Fee): RMB 5,000 등록금(School Fees): Nursery: RMB 130,095, PK: RMB 139,125 유치원(Kindergarten): RMB 148,365 Grade 1-2: RMB 178,185 Grade 3-5: RMB 180,495 Grade 6-8: RMB 186,795 Grade 9-10: RMB 194,460 Grade 11-12: RMB 204,645
연락처	주소: 77, Baiziwan Nan Er Lu, Chaoyang District, Beijing 100022 전화: 86 10 8771-7171 팩스: 86 10 8771-7778 www.bciss.cn Email:admissions@bcis.cn

Canadian International School of Beijing

설립 년도	2005년 1월 20일
승인 & 제휴	CISB는 캐나다정부의 엄격한 관리와 점검하에 운영되고 있다. 현재 CISB는 NCCT, NEASC, CIS와 WASC승인을 받았다.
학년	유치원 - Grade 12
학생 나이 (만)	18개월 -18세
학생 수	800
학생 국적 수	다국적
교과과정	유치원-몬테소리 교육, Grade 1-12 캐나다 교과과정, IB프로그램, 고등학생 애플컴퓨터교육
수업 언어	영어
제2외국어	중국어, 불어
교사	80여명. 교장1명, 부교장2명. 모든 교사는 캐나다 교육부의 기준에 적합해야하고, 캐나다 교사연합 (Canadian Teachers Federation - CTF) 회원이다.
보조교사	몬테소리반: 각 반당 2명의 보조교사 유치원-Grade 12: 총 20명의 보조교사
각반 정원	최대 25명
교사 대 학생 비율	취학전 학생들을 위한 보조교사 유
수업시간	8:25 - 3:30pm (월요일-목요일), 8:25 - 3:05pm (금요일)
방과 후 활동 After-School Activities-ASA	가능
학교 의무실	교내 의무실과 치과, 간호교사
학교 버스	유
학교 점심	유

입학 접수비 & 학비	접수비(Admission Fee): RMB 1,600/ USD 240 등록금(School Fees): Montessori Infant/Toddler 반일(3시간): RMB 59,900 Montessori Infant/Toddler 반일(41/2시간): RMB 69,600 Montessori Infant/Toddler 종일(7시간): RMB 96,300 Montessori Primary 반일(41/2시간): RMB 78,800 Montessori Primary 종일(7시간): RMB 110,800 Grade 1-5: RMB 149,800 Grade 6-8: RMB 151,200 Grade 9-12: RMB 169,600
연락처	주소: 38, Liangmaqiao Road, Chaoyang District, Beijing 100125 전화: 86 10 6465-7788 팩스: 86 10 6465-7789 www.cisb.com.cn Email:admissions@cis-beijing.com.com

Dulwich College Beijing

설립 년도	2004년
승인 & 제휴	국제학교 위원회 회원(Member School of Council of International Schools-CIS), 중국/몽골 국제학교 연합회원(Full Member of Association of Chinese and Mongolian International Schools-ACAMIS), 동아시아지역 영국국제학교연합 창단회원(Founding Member of East Asian Association of British International Schools-EAABIS), IB위원회 회원(International Baccalaureate Organization)
학년	유치원 - Year 13
학생 나이 (만)	12개월 - 18세
학생 수	1,200명+
학생 국적 수	45개국 이상
교과과정	만 0-5세: 영국 조기교육 프로그램 제공 Year 1-11: 영국과 웨일 국가 교과과정 Year 12-13: IB (International Baccalaureate)
수업 언어	영어
제2외국어	중국어, 불어, 스페인어
교사	120명 이상
보조교사	90명 이상
각반 정원	최대 24명
교사 대 학생 비율	유아반 - 1:5, 유치원 - 1:6, 초등부/중고등부- 1:10
수업시간	유아반/유치원: 8:30-3:30, Year1-13: 8:15-3:40
방과 후 활동 After-School Activities-ASA	요리, IT, 기타, 공작, 독서클럽, 축구, 체조, 태권도, 포크댄스, 체스, 그림, 플룻, 재즈, 모자이크, 테니스, 세계영화이해클럽 등의 다양한 활동이 학기별로 제공된다.
학교 의무실	교내 의무실, 모든 교사들 응급처치교육 완료

학교 버스	유 (3개의 캠퍼스 모두 운행)
학교 점심	유
입학 접수비 & 학비	입학 접수비: RMB 2,000 (반환불가) Nursery/Reception: RMB 132,400 Year 1-2: RMB 153,400 Year 3-6: RMB 171,600 Year 7-9: RMB 181,200 Year 10-11: RMB 192,600 Year 12-13: RMB 200,200
연락처	본교 (Grade3-12): 89 Capital Airport Road, Legend Garden, Shunyi District 전화: 86 10 6454-9000 팩스: 86 10 6454-9001 유치원-Year2: Riviera Main Campus: River Garden Campus, River Garden Villas, Houshayu, Bai Xin Zhuang, Shunyi 전화: 86 10 8046-5132 팩스: 86 10 8046-1994

Etonkids International Kindergarten & Etonkids Bilingual Kindergarten

설립 년도	2002년
승인 & 제휴	미국 몬테소리 연합 (American Montessori Society - AMS)
학년	종일반/반일반 유치원
학생 나이 (만)	1.5세 - 6세
학생 수	1500
학생 국적 수	다국적
교과과정	몬테소리
수업 언어	영어(International), 영어&중국어(Bilingual)
제2외국어	중국어
교사	몬테소리 지도교사
보조교사	각 반마다 2명의 보조교사
각반 정원	20명
교사 대 학생 비율	1:5
수업시간	8:30-3:30pm
방과 후 활동 After-School Activities-ASA	각 학기마다 15여개
학교 의무실	유
학교 버스	유
학교 점심	유 (오전/오후 간식)
입학 접수비 & 학비	RMB 83,000 - 125,000 (International) RMB 62,000 - 85,000 (Bilingual)
연락처	주소: Lido, Pinnacle Plaza, Global Trade Mansion, Central Park, Palm Springs, Eastern Provence, Arcadia Villas, Peking House, Wangjing (EtonkidsHuizhi Kindergarten) 전화: 400 818 9098 www.etonkids.com Email:education@etonkids.com

German Embassy School

설립 년도	1978년 8월 21일
승인 & 제휴	독일 정식학교 (독일정부)
학년	유치원 -고등학교
학생 나이 (만)	2세 - 18/19세
학생 수	566명
학생 국적 수	다국적
교과과정	독일 교과과정
수업 언어	독일어
제2외국어	영어, 불어, 라틴어, 중국어
교사	53명
보조교사	유
각반 정원	15여명
교사 대 학생 비율	1:7
수업시간	7:55 - 5:15
방과 후 활동 After-School Activities-ASA	다양한 스포츠활동, 과학, 예술
학교 의무실	무
학교 버스	유
학교 점심	유
입학 접수비 & 학비	€ 7200-7800/년
연락처	주소: 49A Liangmaqiao Lu, Chaoyang District 전화: 86 10 6532-2535 www.dspeking.net.cn Email:info.dsp@dspeking.net.cn

Harrow International School Beijing

설립 년도	2005년 8월 22일
승인 & 제휴	런던의 Harrow School과 방콕의 Harrow International School과 제휴
학년	유치원 - 고등학교
학생 나이 (만)	3 - 18세
학생 수	380
학생 국적 수	37개국
교과과정	영국 교과과정
수업 언어	영어
제2외국어	중국어, 불어, 라틴어, 스페인어, 독일어, 일본어, 이태리어
교사	85명 이상
보조교사	유
각반 정원	최대 16명
교사 대 학생 비율	1:6
수업시간	8:15 - 4:30
방과 후 활동 After-School Activities-ASA	다양한 외국어 교실, 주말 영어교실, 다양한 예술과 스포츠 교실 등
학교 의무실	유
학교 버스	유
학교 점심	유
입학 접수비 & 학비	접수비: RMB 3,500 Pre-School: RMB 104,200 Reception: RMB 129,800 Year 1-2: RMB 154,500 Year 3-6: RMB 164,400 Year 7-9: RMB 180,500 Year 10-11: RMB 189,200 Year 12-13: RMB 201,500
연락처	초등부 캠퍼스: Grasstown, Zhangequ Village, Xuxin Zhuang, Tongzhou District 전화: 86 10 6444-8900 / 팩스: 86 10 8951-6681 중/고등부 캠퍼스: 5, Block 4, Anzhen Xili, Chaoyang District 전화: 86 10 6444-8900 (내선 621) / 팩스: 86 10 8497-2182 www.harrowbeijing.cn / Email: enquiries@harrowbeijing.cn

International Academy of Beijing

설립 년도	1999년
승인 & 제휴	기독교 국제학교 연합(The Association Christian Schools International-ACSI), 서양학교/대학교 연합(Western Association of Schools and Colleges in USA-WASC), 교과과정/교과서 국가센터(National Center for Curriculum and Textbooks), 중국/몽골리아 국제학교연합 회원(Member of the Association of China and Mongolia International Schools-ACAMIS), 북경/천진 국제학교 체육집회(International Schools Athletic Conference Beijing/Tianjin-ISAC)
학년	Pre-K - Grade 12
학생 나이 (만)	4세 - 18세
학생 수	276
학생 국적 수	14
교과과정	미국에서 발행되는 교과서를 바탕으로 미국교과과정을 교육한다. IAB는 ACT, AP, PSAT, SAT시험센터로 등록되어 있다.
수업 언어	영어
제2외국어	중국어
교사	48명. 2명의 상담
보조교사	유치원부터 - Grade1까지 유
각반 정원	유치원-Grade4: 최대 16명, Grade5-Grade12: 최대20명
교사 대 학생 비율	1:6
수업시간	8:30 - 3:30
방과 후 활동 After-School Activities-ASA	축구, 탁구, 농구, 기타, 바이올린, 밴드, 합창단, 중국악기, 보석 만들기, 미술, 연극, 모의UN회의, 사진, 중국어
학교 의무실	유

학교 버스	유
학교 점심	유
입학 접수비 & 학비	접수비: RMB 1,700 (반환불가) ESL 수업비: RMB 13,200 유치원: RMB 84,000 Grade1-5: RMB 117,000 Grade6-8: RMB 126,000 Grade 9-10: RMB 134,400 Grade 11-12: RMB 142,400-145,000
연락처	저학년 캠퍼스와 입학접수처: Lido Office Tower 3, Lido Place, 6 Jiangtai Road, Chaoyang District, Beijing, 100004 전화: 86 10 6430-1600 팩스: 86 10 6430-1508 중,고학년 캠퍼스: 1 YangsanRoad, Olympic Forest Park East, Chaoyang District, Beijing 전화: 86 10 8493-8680 팩스: 86 10 8493-1506 www.iabchina.net Email: admissions@iabchina.net

International School of Beijing

설립 년도	1980년
승인 & 제휴	NEASC, CIS, IB World School, NCCT, EARCOS와 NACAC회원
학년	유치원 - 고등학교
학생 나이 (만)	3세 - 18세
학생 수	1880 여명
학생 국적 수	50개국이상
교과과정	미국의 사용되고 있는 최고의 커리큘럼과 국제학교 커리큘럼을 병행해서 사용하고 있다. 미국으로부터 대학 입학 전 우수고등학교프로그램으로 인가 받았다. Grade11-12학년 학생들은 IB Diploma 혹은 IB Certificate를 선택할 수 있으며, 전 Grade11-12학년 학생들은 AP코스를 거친다.
수업 언어	영어
제2외국어	중국어, 불어, 스페인어, ESOL(English for Speakers of Other Languages - 영어 보조교육)
교사	대부분 15년 이상의 경력
보조교사	유 - 초등학교
각반 정원	유치원-Grade2: 18명, Grade3-Grade5: 20명, 　　　　Grade6-Grade12: 22명
교사 대 학생 비율	1:9
수업시간	8:15 - 3:20
방과 후 활동 After-School Activities-ASA	다양하고 집중적인 스포츠교실, 만들기, 예술, 음악, UN모의회의, 봉사활동 등
학교 의무실	2개의 의무실, 4명의 간호교사
학교 버스	유
학교 점심	유
입학 접수비 & 학비	접수비 : RMB 1,900 (입학 후 납부) 학비) 유치원-Grade5 : RMB 143,800 　　　　Grade6-8 : RMB 154,300 　　　　Grade9-12 : RMB 169,700 보증금) 유치원 : RMB 13,400 　　　　Grade 1-12: RMB 32,100
연락처	No 10, An Hua Street, Shunyi District, Beijing 101318 전화: 86 10 8149-2345 / 팩스: 86 10 8046-2003 www.isb.bj.edu.cn / Email: admissions@isb.bj.edu.cn

The British School of Beijing

설립 년도	2004년 3월
승인 & 제휴	영국 교육부 승인학교 (등록번호: 7036456), Nord Anglia 교육그룹 회원, 영국국제학교 위원회 회원(Member of Council of British International Schools - COBIS), ISAC회원
학년	Sanlitun 캠퍼스: 유치원 -Year 6 (만 2-11세) Shunyi 캠퍼스: 유치원 - A Levels (만 2-18세)
학생 나이 (만)	2세 - 18세
학생 수	1000
학생 국적 수	37개국
교과과정	영국 교과과정
수업 언어	영어
제2외국어	중국어, 불어, 스페인어, 독일어, EAL 프로그램
교사	영국 교과과정 경력을 가진 80명
보조교사	60명의 서양교사, 10명의 중국인교사, 10명의 SEN 보조교사
각반 정원	유치원: 15명, Year1-13: 20명
교사 대 학생 비율	1:10
수업시간	8:30 - 3:30
방과 후 활동 After-School Activities-ASA	스포츠, 미술, 연극, 음악과 사진, 댄스, 요리와 같은 특별관심 분야의 클럽활동
학교 의무실	유
학교 버스	유
학교 점심	유
입학 접수비 & 학비	입학 접수비: RMB 1,600 학비: RMB 93,098 - RMB 213,522
연락처	주소: Sanlitun Campus: 5 Xiliujie, Sanlitun Road, Chaoyang District, Beijing 100027 전화: 86 10 8532-3088 / 팩스: 86 10 8532-3089 Shunyi Campus: South Side, No 9, Anhua Street, Tianzhu Development Zone, Shunyi District, Beijing 101318 전화: 86 10 8047 3588 / 팩스: 86 10 8047 3598/99 www.britishschool.org.cn Email: info@britishschool.org.cn

The International Montessori School of Beijing

설립 년도	1990년
승인 & 제휴	MSB는 미국 몬테소리 연합회(American Montessori Society-AMS)의 정식회원으로 몬테소리 교육을 국제학교 교육수준과 동일하게 응용하여 교육하고 있다. MSB는 보스톤과 미국 메샤츄스의 북동 몬테소리교육센터을 위한 미국 몬테소리연합 교육/심사 학교로 지정되어 있기 때문에 MSB는 교직원들에게 수준높은 교육을 지속적으로 제공하고 있다.
학년	유치원 - Grade 6
학생 나이 (만)	2세 - 12세
학생 수	300
학생 국적 수	다국적
교과과정	국제 몬테소리 교과과정
수업 언어	영어/중국어
제2외국어	중국어, 불어, 독일어, 스페인어
교사	96명 (보조교사 포함)
보조교사	각 반당 3-4명의 보조교사
각반 정원	22명
교사 대 학생 비율	1:4
수업시간	8:30 - 3:30
방과 후 활동 After-School Activities-ASA	외국어클럽, 동양화, 요리, 중국무술, 축구, 수영 등
학교 의무실	유
학교 버스	유
학교 점심	유
입학 접수비 & 학비	학비: RMB 79,300 - RMB 152,000
연락처	주소: River Garden Campus: Houshayu Baixingzhuang, Shunyi District, Beijing 101300 / 전화: 86 10 8046-3935 Cherry Tree Lane Campus: 18, XiangjiangBeilu, Ma Quan Ying, Chao Yang District 100103 / 전화: 86 10 6432-8228 Champagne Cove Campus: 1 Shunfu Road, Shunyi District, Beijing 101300 / 전화: 86 10 8945-2591 www.msb.edu.cn Email: schooloffice@msb.edu.cn

Western Academy of Beijing

설립 년도	1994년
승인 & 제휴	국제 IB연합 (International Baccalaureate Organization-IBO), 국제학교 위원회 (Council of International Schools-CIS), 신 영국 학교연합 (New England Association of Schools and Colleges-NEASC), 교과과정/교과서 센터 (National Center for Curriculum and Textbooks-NCCT)
학년	Nursery - Grade 12
학생 나이 (만)	2세 - 18세
학생 수	1550
학생 국적 수	57개국 이상
교과과정	WAB은 IB PYP, MYP, Diploma프로그램을 Nursery부터12학년까지 제공하도록 인가 받았다. WAB은 학생들이 수업에 적극적으로 참여할 수 있는 환경을 가장 중요시하고, 수준 높은 교과과정은 학생들에게 존경심, 책임감, 리더쉽, 봉사에 대한 사고를 증진시킨다. 더불어, 국제적으로 우수 IT학교로 지정되었고, 학생들과 모든 교직원들이 1:1로 노트북을 사용할 수 있다.
수업 언어	영어
제2외국어	중국어, 불어, 독일어, 스페인어
교사	190명
보조교사	80명
각반 정원	Nursery-Pre K: 14명, 유치원: 20명, Grade 1-12: 21명
교사 대 학생 비율	1:8
수업시간	8:30 - 3:15
방과 후 활동 After-School Activities-ASA	WAB은 모든 학생들이 한곳에 치중된 교육은 바람직한 것이 아니며, 문학적, 사회적, 감정적, 신체적, 도덕적으로 고루 발전해야 한다고 믿는다. ASA도 스포츠, 문화체험, 교과목 보충, 리더쉽 프로그램, 해외학생들과의 교류 등 다양한 프로그램을 제공하고 있다.

학교 의무실	유
학교 버스	유
학교 점심	유
입학 접수비 & 학비	입학 접수비: RMB 1,600 학년　　　　　학비(RMB)　　　보증금(RMB) Nursery　　　　77,000　　　　15,000 Pre-K　　　　　123,000　　　　25,000 Grade1-5　　　151,000　　　　31,000 Grade6-8　　　158,000　　　　35,000 Grade9-10　　172,000　　　　38,000 Grade11-12　178,000　　　　38,000
연락처	주소: 10 Lai Guang Ying Dong Lu, Chaoyang District, Beijing 100102 전화: 86 10 8456-4155 팩스: 86 10 6432-2440 www.wab.edu, Email:admissions@wab.edu

Yew Chung International School of Beijing

설립 년도	1995년 8월
승인 & 제휴	국제 IB연합 (International Baccalaureate Organization-IBO), 캠브리지 국제센터 (Cambridge International Centre-CIS)
학년	ECE, Primary, Secondary (K2-Year13)
학생 나이 (만)	2세 - 18세
학생 수	750명
학생 국적 수	45개국 이상
교과과정	IGCSE (International General Certificate of Secondary Education-영국 중학교 졸업인증시험), IB (International Baccalaureate) Diploma 프로그램. 중국어와 영어의 비중이 거의 비슷하여, 반에 외국인담임 교사와 중국어 담임교사가 함께 수업을 진행한다.
수업 언어	영어와 중국어
제2외국어	영어, 중국어
교사	120명
보조교사	무. ECE와 Primary에는 서양/중국인 교사가 함께 담임을 겸한다.
각반 정원	최대 25명 (학년마다 다르다)
교사 대 학생 비율	학년마다 다르다.
수업시간	8:00 - 3:15
방과 후 활동 After-School Activities-ASA	집중적인 스포츠 프로그램과 교과과정 연장 프로그램- 과학, 국제체스,점토만들기, 꽃꽂이, 3D입체물,중국무술, 탁구, 만화그리기, 공작, 마술, 롤러스케이팅, 태권도, 기초일본어, 레고디자인, 숙제도움, 중국어교실, 홍링진공원 탐험, 요리, 수영, 동양화, 춤, 바이올린, 합창단, 기타와 연극.
학교 의무실	유 (Kaiser 상해병원의 간호사)
학교 버스	유

학교 점심	유
입학 접수비 & 학비	입학 접수비: RMB 2,000 유치원(Kindergarten) - K2(반일): RMB 67,000 K2(종일): RMB 110,000 K3/K4: RMB 147,000/154,000 Year 1 - 3: RMB 185,000 Year 4 - 6: RMB 190,000 Year 7 - 9: RMB 207,000 Year 10 - 11: RMB 221,000 Year 12 - 13: RMB 227,000
연락처	주소: Honglingjin Park, No. 5 Houbalizhuang, Chaoyang District, Beijing 100025 전화: 86 10 8583-3731(내선: 78) 팩스: 86 10 8583-2734 www.ycis-bj.com Email: enquiry@ycef.com

★ Dulwich College Shanghai

★ Shanghai American School

★ Shanghai Rego International School

★ Yew Chung International School of Shanghai

★ The British International School, Shanghai

★ Concordia International School Shanghai

★ Shanghai Singapore International School

★ Shanghai Livingstone American School

★ Shanghai Community International School

Dulwich College Shanghai

설립 년도	2003년
승인 & 제휴	Dulwich 런던학교와 제휴
학년	Toddler(영아반) - Year 13
학생 나이 (만)	2세 - 18세
학생 수	1300+
학생 국적 수	미국, 영국, 유럽, 호주, 뉴질랜드, 아시아
교과과정	국제학교 위원회 회원(Member School of Council of International Schools-CIS), 중국/몽골 국제학교 연합회원(Full Member of Association of Chinese and Mongolian International Schools-ACAMIS), 동아시아지역 영국국제학교연합 창단회원(Founding Member of East Asian Association of British International Schools-EAABIS), IB위원회 회원(International Baccalaureate Organization)
수업 언어	영어
제2외국어	중국어, 불어, 스페인어
교사	200명이상
보조교사	DUCKS(Nursery-Year2), 중학교
각반 정원	Toddler: 12, Nursery/Reception: 16, Year1-2: 20, Year3-6: 20
교사 대 학생 비율	Toddler: 5:1, Nursery/Reception: 8:1, Year1-4: 10:1, Year5-13: 20:1
수업시간	8:15 - 3:30 (월, 수, 금), 8:15 - 4:30 (화, 목)
방과 후 활동 After-School Activities-ASA	집중적인 스포츠 프로그램과 교과과정 연장 프로그램- 과학, 국제체스, 점토만들기, 꽃꽂이, 3D입체물, 중국무술, 탁구, 만화그리기, 공작, 마술, 롤러스케이팅, 태권도, 기초일본어, 레고디자인, 숙제도움, 중국어교실, 홍링진공원 탐험, 요리, 수영, 동양화, 춤, 바이올린, 합창단, 기타와 연극.

학교 의무실	유 (Kaiser 상해병원의 간호사)
학교 버스	유
학교 점심	유
입학 접수비 & 학비	입학 접수비: RMB 2,000 Toddler (일주일 2회): RMB 27,700 Toddler (일주일 3회): RMB 41,500 / Toddler (전일): RMB 66,000 Nursery/Reception: RMB 162,200 Year 1-2: RMB 185,600　　Year 3-6: RMB 193,000 Year 7-9: RMB 208,000　　Year 10-11: RMB 216,500 Year 12-13: RMB 220,600
연락처	주소 1): DUCKS, 425 Lan An Lu, Jinqiao, Pudong, Shanghai 201206 전화: 86 21 5899-9910, 팩스: 86 21 5899-3751 주소 2): DCS 메인 캠퍼스(Main Campus), 266 Lan An Lu, Jinqiao, Pudong, Shanghai 201206 전화: 86 21 5899-9910, 팩스: 86 21 5899-9810 Email:admissions@dulwich-shanghai. www.dulwich-shanghai.cn

설립 년도	1912년
승인 & 제휴	서양 학교/대학 협회(Western Association of Schools and Colleges - WASC)
학년	영아반 - Grade 12
학생 나이 (만)	4세 - 18세
학생 수	2585 (두 개의 캠퍼스)
학생 국적 수	40개국 이상
교과과정	미국 통합교과과정(미국 기본수준과 평가기준: American Core Curriculum - American-based standards and benchmarks)을 기준으로하며, 교내 교과과정은 국제학교의 기준과 연구로 계속 발전한다. 고등학교에서는 AP(Advanced Placement) 코스와 IB Diploma코스를 제공한다.
수업 언어	영어
제2외국어	중국어 (모든 학생), 불어와 스페인어 (중,고등학생)
교사	17명의 상담선생님, 2명의 학생 정신학자를 포함한 360명. 대부분이 미국과 캐나다출신이다.
보조교사	약 55명이며, 모두 외국인이고, 선생님들과 비슷한 경력을 가진다.
각반 정원	14명(Pre-K), 15명(Kindergarten-유치원), 16명(Grade1), 17명(G2), 18명(G3-G12)
교사 대 학생 비율	1:8 (저학년), 1:18 (그 이상학년)
수업시간	8:00 - 3:00
방과 후 활동 After-School Activities-ASA	다양한 스포츠 경기, 학교팀원들은 아시아지역내스포츠팀, 중국내 국제학교 스포츠팀, 중국과 몽골리아 국제학교 연합등의 스포츠팀들과 정기적으로 경기를 갖는다. 이 외에도 요리, 재즈밴드, 등산, UN모의회의, 체스, 합창단들이 있다. 모든 ASA는 무료이다.
학교 의무실	유

학교 버스	유 (이 외에도 두 개의 캠퍼스를 이동하는 교통수단이 제공된다.)
학교 점심	유
입학 접수비 & 학비	입학 접수비: RMB 2,500 학비는 학교에 문의
연락처	Puxi Campus: 258 Jin Feng Road, Zhudi Town, Minhang District, Shanghai 201107 전화: 86 21 6221-1445, 팩스: 86 21 6221-1269 Pudong Campus: Shanghai Links Executive Community, San Jia Gang, Pudong New Area, Shanghai 201201 전화: 86 21 5897-3097, 팩스: 86 21 5897-0011 www.saschina.org, Email: admission@saschina.org

Shanghai Rego International School

설립 년도	2003년 9월 1일
승인 & 제휴	QCE 학교 (영국 교과과정, SATS시험, Edexcel과 캠브리지 시험센터)
학년	영아반- Year 13
학생 나이 (만)	2 - 18세
학생 수	400여명
학생 국적 수	36개국 이상
교과과정	영국 교과과정
수업 언어	영어
제2외국어	중국어, 불어, 스페인어, 독일어
교사	68명의 영국교사외에 중국, 독일, 네덜란드, 스페인, 프랑스 현지교사
보조교사	Nursery-Year6는 각 반마다 한 명의 중국인 보조교사
각반 정원	Nursery&Reception: 16명, 초등학교이상: 18명
교사 대 학생 비율	1:6
수업시간	8:40 - 3:45
방과 후 활동 After-School Activities-ASA	다양한 스포츠 경기. 학교팀원들은 아시아지역내스포츠팀, 중국내 국제학교 스포츠팀, 중국과 몽골리아 국제학교 연합등의 스포츠팀들과 정기적으로 경기를 갖는다. 이 외에도 요리, 재즈밴드, 등산, UN모의회의, 체스, 합창단들이 있다. 모든 ASA는 무료이다.
학교 의무실	유
학교 버스	유
학교 점심	유
입학 접수비 & 학비	입학 접수비: RMB 2,500 Nursery 반일: RMB 90,000 Year 1-6: RMB 185,000 Year 7-9: RMB 197,000 Year 10-11: RMB 200,000 Year 12-13 (IB Diploma): RMB 210,000
연락처	주소1) 189 Dongzha Road, Xinzhuang, Minhang District, Shanghai 201100 전화: 86 21 5488-3431 / 팩스: 86 21 5488-5072 주소2) 159 Dian Nan Road, Xinzhuang, Minhang District, Shanghai 201100 전화: 86 21 5488-8320 / 팩스: 86 21 5488-5695 www.srisrego.com / Email:info@ssrisrego.com

Yew Chung International School of Shanghai

설립 년도	1932년 홍콩개교, 1993년 상해개교
승인 & 제휴	뉴잉글랜드 학교연합 (New England Association of Schools and Colleagues-NEASC), 국제학교 위원회 (Council of International School-CIS), 교과과정과 교과서 국가센터 (National Center of Curriculum and Textbooks-NCCT)
학년	영아반 - Year 13
학생 나이 (만)	1세 - 18세
학생 수	2,000여명이상
학생 국적 수	45개국 이상
교과과정	IGCSE (International General Certificate of Secondary Education), IB (International Baccalaureate) 디플로마 프로그램, 초/중등부 집중 중국어 프로그램, 중국어/서양교사의 협조수업
수업 언어	영어
제2외국어	중국어
교사	영국, 호주, 뉴질랜드, 미국과 캐나다출신의 교사. 2명의 대학진학상담교사
보조교사	저학년-초등학교: 중국인/서양교사 담임제도, 중학교: 서양교사담임제도
각반 정원	12 - 25명
교사 대 학생 비율	만 1세반: 1:6, 만2세반: 1:8, 유치원: 1:11, 초등학교: 2:25, 중학교 이상: 1:20
수업시간	8:00 - 3:30
방과 후 활동 After-School Activities-ASA	신체와 감성의 발전을 위한 다양한 활동을 제공한다. 드라마, 시, 사진, 미술, 컴퓨터, 음악, 스포츠 등
학교 의무실	유
학교 버스	유

학교 점심	유
입학 접수비 & 학비	입학신청비: RMB 2,000 학비: RMB 69,000 - RMB 223,000
연락처	▶ Puxi (푸시지역) 주소1) Hongqiao - 11 Shui Cheng Road 전화: 86 21 6242 3243, 팩스: 86 21 6242 7331 주소2) Gubei - 18 West Rong Hua Road, Gubei New Area 전화: 86 21 6219 5910, 팩스: 86 21 6219 0675 ▶ Pudong (푸동지역) 주소1) Regency Park - 1817 Hua Mu Road, Pudong 전화: 86 21 5033 1900, 팩스: 86 21 6856 5907 주소2) Century Park - 1433 Dong Xiu Road, Pudong New Area 전화: 86 21 5045 6475, 팩스: 86 21 5045 4725 Email: enquiry@sh.ycef.com, www.ycis-sh.com

The British International School, Shanghai

설립 년도	BISS 푸동: 2002년, BISS 푸시: 2005년, BISS 난징: 2007년
승인 & 제휴	PRC 승인장: 3100738501346, 상해국제학교, Nord Anglia 교육 위원회
학년	Nursery - Year 12
학생 나이 (만)	18개월 - 18세
학생 수	난징: 100+, 푸동: 1150, 푸시: 1000
학생 국적 수	55개국이상
교과과정	영국&웨일 교과과정, GCSE/IGCSE, IB Diploma 프로그램
수업 언어	영어
제2외국어	불어, 독일어, 중국어, 스페인어, 한국어
교사	난샹: 12, 푸동: 114, 푸시: 94
보조교사	난샹: 5, 푸동: 52, 푸시: 38
각반 정원	22명
교사 대 학생 비율	평균 1:12
수업시간	08:30 - 15:30
방과 후 활동 After-School Activities-ASA	국제미술, 브레인게임, 무용, 연극, 과학, 시험준비, 무술, 음악, 미디어, ICT, 스포츠, 작문 등의, 110개 이상의 특별활동을 운영하고 있다.
학교 의무실	유
학교 버스	유
학교 점심	유
입학 접수비 & 학비	직접문의 요망 BISS 난샹 - Nicola Collins (admissions@bissnanxing.com) BISS 푸동 - Christine Bacon (admission - Karen Jones (admissions@bisspuxi.com)
연락처	BISS 난샹) 151 Baoxiang Road, Nanxiang Town, Jiading District, Shanghai 201802 전화: 86 21 5912-6755 / 팩스: 86 21 5912-5515 BISS 푸동) 600 Cambridge Forest New Town, 2729 Hunan Road, Pudong, Shanghai 201315 전화: 86 21 5812-7455 / 팩스: 86 21 5812-7465 BISS 푸시) 111 Jinguang Road, Huacao Town, Minhang, Shanghai 201107 전화: 86 21 5226-3211 / 팩스: 86 21 5226-3212

Concordia International School Shanghai

설립 년도	1998년 9월
승인 & 제휴	서양국제학교연합(Western Association of Schools & Colleges-WASC), ALSS, AMCHAM, NACAC, OACAC, ASCA
학년	유치원 - Grade 13
학생 나이 (만)	3-18세
학생 수	1176 (2010년 8월 26일 기준)
학생 국적 수	27개국
교과과정	미국 (Advanced Placement Program - AP)
수업 언어	영어
제2외국어	중국어, 스페인어, 불어
교사	136명: 120명의 교사는 외국채용: 미국인(94), 캐나다(9), 호주(7), 중국(16), 필리핀(6), 말레이시아(2), 영국(1), 멕시코(1)
보조교사	유치원에 4명
각반 정원	유치원:16, G1-G8: 18, 고등학교: 18명
교사 대 학생 비율	1:9
수업시간	8:00 - 3:20
방과 후 활동 After-School Activities-ASA	Concordia학교에서는 다양한 방과 후 활동을 제공하고 있다. 아시아태평양 체육 연합(Asia Pacific Activities Conference-APAC), 상해 국제학교 체육연합(Shanghai International School Activities Conference-SISAC), 중국국제학교 체육연합회(China International Schools Sports Association-CISSA)의 회원이다. 고등학생들은 전국모범학생모임(National Honor Society), 모의UN회의(Model United Nations), 언어클럽(Language Clubs), 수학클럽(Math Clubs)등에 참여하고, 중학생들은 영상제작, 건축과 모형, 로봇트제작, 테니스, 배드맨턴과 암벽타기 등을 경험할 수 있다. 초등학생들은 요리부터, 합창 등 다양한 특별활동에 참여할 수 있다.
학교 의무실	유

학교 버스	유
학교 점심	유
입학 접수비 & 학비	입학 접수비: RMB 2,100 ES-Preschool (만3-4세): RMB 146,000 Kindergarten, Grade 1-4: RMB 180,500 중학교(Grade 5-8): RMB 190,000 고등학교(Grade 9-12): RMB 195,000 MacBook 노트북(Grade 7-12): RMB 11,120
연락처	999 Mingyue Road, Jinqiao, Pudong 201206, Shanghai, PRC 전화: 86 21 5899-0380 팩스: 86 21 5899-1865 이메일: admissions@ciss.com.cn www.ciss.com.cn

Shanghai Singapore International School

설립 년도	1996년 9월
승인 & 제휴	IB MYP와 IB DP
학년	K-12
학생 나이 (만)	3-18세
학생 수	1400
학생 국적 수	30개국 이상. 싱가폴, 대만, 한국인이 대부분
교과과정	IB MYP, IB DP에 기반을 둔 싱가폴 교과과정
수업 언어	영어
제2외국어	영어/중국어 이중언어학교
교사	200명 (70% 서양교사, 30% 중국현지교사)
보조교사	무
각반 정원	유치부(Preschool): 16-18, 초등학교이상: 20-22
교사 대 학생 비율	평균 1:7
수업시간	8:30 - 3:30
방과 후 활동 After-School Activities-ASA	스포츠, 악기, 미술 등
학교 의무실	유
학교 버스	유
학교 점심	유
입학 접수비 & 학비	Nursery-Kindergarten 2: RMB 88,000 초등학교1-3: RMB 106,000 초등학교4-6: RMB 124,000 중등부: RMB 138,000 고등부: RMB 158,000 교통비: RMB 9,800
연락처	주소1) Minhang Campus, 301 Zhu Jian Road, Minhang District 전화: 86 21 6221-9288 / 팩스: 86 21 6221-6276 주소2) XuHui Campus, 1455 HuaJing Road, Xuhui District 전화: 86 21 6496-5550 / 팩스: 86 21 6496-5071 Email: info@ssis.cn / www.ssis.cn

Shanghai Livingstone American School

설립 년도	2003년 8월
승인 & 제휴	서양 학교/대학 연합회 (Western Association of Schools and Colleges)
학년	PK - Grade 12
학생 나이 (만)	3 - 18세
학생 수	197
학생 국적 수	20개국
교과과정	미국 교과과정
수업 언어	영어
제2외국어	중국어, 스페인어, 불어, 일본어, 라틴어
교사	미국/국제 교사 자격증 소유교사
보조교사	유, 중국인 & 필리핀인
각반 정원	초등학교: 18, 중학교이상: 25
교사 대 학생 비율	1:6
수업시간	8:45 - 3:40
방과 후 활동 After-School Activities-ASA	상해국제학교 운동연합 회원(Shanghai International School Athletic Commission-SISAC), 졸업앨범 클럽, 학생위원회, 환경과학클럽, 체스, 연극, 중국어클럽, 바이올린, 특별과목 연구그룹
학교 의무실	유
학교 버스	유
학교 점심	유
입학 접수비& 학비	접수비/테스트비: RMB 2,075 PK(Pre-Kindergarten): RMB 98,000 유치원: RMB 128,000 Grade 1-5: RMB 148,600 Grade 6-8: RMB 156,000 Grade 9-12: RMB 161,000
연락처	No. 580, GanXi Road, ChangNing District Shanghai 200336 전화: 86 21 6238-3511, 86 21 5218-8372 팩스: 86 21 5218-0390 www.laschina.org Email: info@laschina.org

Shanghai Community International School

설립 년도	1996년 8월, 항주: 2001년
승인 & 제휴	서양 학교/대학 연합회 (Western Association of Schools and Colleges), 교과과정과 교과서 국가위원회(National Council of Curriculum and Textbooks-NCCT) 인증. SCIS 푸시 Hongqiao(홍차우)캠퍼스는 IB 디플로마 프로그램 진행하며, 항주와 푸동 캠퍼스는 AP(Advanced Placement) 코스를 진행한다.
학년	PK - Grade 12
학생 나이 (만)	3 - 18세
학생 수	1850
학생 국적 수	51개국
교과과정	미국 교과과정을 기초로 한 국제교과과정
수업 언어	영어
제2외국어	중국어, 스페인어, 불어
교사	3년에서 20년 이상 경력의 우수교사진
보조교사	푸시 홍차우: 12, 푸동: 6, 항주: 3
각반 정원	18명
교사 대 학생 비율	평균 1:14-18
수업시간	8:00 - 3:00
방과 후 활동 After-School Activities-ASA	축구, 야구, 배구, 배드민턴, 하키, 암벽타기, 수영, 무술, 무용,럭비, 사진, 학생위원회, 졸업앨범, 학생신문, 환경보호 등
학교 의무실	유
학교 버스	유 (학비 포함)
학교 점심	유 (PS - Grade 5는 학비에 포함)

입학 접수비 & 학비	PS (반일): RMB 70,000 ; PS (종일): RMB 125,000 Pre-Kindergarten: RMB 165,000 유치원: RMB 165,000 Grade 1-5: RMB 180,000 Grade 6-8: RMB 190,000 Grade 9-12: RMB 198,000 버스는 학비에 포함. ▶ 항주 캠퍼스 PS (반일): RMB 50,000 Pre-Kindergarten: RMB 95,000 유치원: RMB 125,000 Grade 1-5: RMB 135,000 Grade 6-8: RMB 151,000 Grade 9-12: RMB 167,000 버스비: RMB 9,000(일년), RMB 4,950(반년)
연락처	▶ 푸시 ECE 캠퍼스 주소: 2212 Hongqiao Road, Hongqiao, Shanghai, China 200051 전화: 86 21 6261-4338, 팩스: 86 21 6261-4639 ▶ 푸시 홍차우 캠퍼스 주소: 1161 Hongqiao Road, Hongqiao, Shanghai, China 200051 ▶ 푸동 저학년 캠퍼스 주소: 800 Xiuyano Road, Kangqiao, Pudong, Shanghai, China 201318 전화: 86 21 5812-9888, 팩스: 86 21 5812-9000 ▶ 푸동 고학년 캠퍼스 주소: 198 Hengqiao Road, Kangqiao, Pudong, Shanghai, China 201318 전화: 86 21 6261-4338, 팩스: 86 21 6261-4639 ▶ 항주 캠퍼스 주소: 78 Dongxin Road, Hangzhou 310053 전화: 86 57 1869-0045, 팩스: 86 57 1869-0044 Email: admissions@scischina.org 항주 Email: admissionshz@scischina.org

소주 / 무석 

Suzhou 쑤저우
Wuxi 우시

- ★ Dulwich College Suzhou
- ★ Suzhou Singapore International School
- ★ Etonhouse International School - Wuxi
- ★ Taihu International School - Wuxi

Dulwich College Suzhou

설립 년도	2007년
승인 & 제휴	덜위치 런던
학년	Toddler(반일 or 종일), Nursery - Year 11
학생 나이 (만)	2-16세
학생 수	600+
학생 국적 수	35개국 이상
교과과정	영국 교과과정
수업 언어	영어
제2외국어	중국어, 스페인어, 한국어(IGCSE, IB)
교사	100명
보조교사	무
각반 정원	Toddler: 12명, Nursery: 16명, Reception: 20명, Year 1-10: 22명
교사 대 학생 비율	1:8
수업시간	8:15 - 3:30
방과 후 활동 After-School Activities-ASA	스포츠, 음악, 예술, 무술 등의 40여개의 특별활동 제공
학교 의무실	유
학교 버스	유
학교 점심	유
입학 접수비 & 학비	접수비(Application Fees, 환불불가능): RMB 1,500 Toddler(반일): RMB 55,550, Toddler(종일): RMB 77,750 Nursery/Reception: RMB 97,800/100,000 Year 1-2: RMB 140,150 Year 3-6: RMB 142,300 Year 7-9: RMB 150,200 Year 10: RMB 153,400, Year 11: RMB 159,7000 Year 12: RMB 169,000 보증금(Security Deposit): RMB 5,000
연락처	주소: #360 Gangtian Road, Suzhou Industrial Park, Suzhou, China 전화: 86 512 6295-9500 / 팩스: 86 512 6295-7540 www.dulwich-suzhou.cn / Email: info@dulwich-suzhou.cn

Suzhou Singapore International School

설립 년도	1996년 6월 5일
승인 & 제휴	IBO로부터 PYP, MYP, IB DP교육을 승인받음. 뉴잉글랜드 학교/대학 연합(New England Association of Schools and Colleges-NEASC)
학년	Nursery - Grade 12
학생 나이 (만)	3-18세
학생 수	1200
학생 국적 수	40개국
교과과정	IB PYP, IB MYP, IB DP, 독일 초등학교 부서, 북아메리카 고등학교 디플로마
수업 언어	영어
제2외국어	중국어, 독일어, 일본어, 한국어, 스페인어
교사	125명
보조교사	무
각반 정원	Nursery: 18명, 초등학교: 20명, 중/고등학교: 25
교사 대 학생 비율	1:6
수업시간	8:30 - 3:30
방과 후 활동 After-School Activities-ASA	스포츠, 예술, 문화클럽 등 다양한 활동기회제공. CISSA, ACAMIS, SISAC, AISA와 MUN에 참여한다.
학교 의무실	유
학교 버스	유
학교 점심	유
입학 접수비 & 학비	접수비(Application Fee): RMB 1,500 유치원: RMB 115,000 Grade 1-5: RMB 127,100 Grade 6-8: RMB 137,300 Grade 9-10: RMB 140,500 Grade 11-12: RMB 145,800
연락처	208 Zhong Nan Street, Suzhou Industrial Park, Jiangsu, China 전화: 86 512 6258-0388 / 팩스: 86 512 6258-6388 www.ssis-suzhou.net / Email: ssis@ssis-suzhou.net

Etonhouse International School - Wuxi

설립 년도	2008년 2월
승인 & 제휴	IB PYP, MYP 승인 과정 중
학년	Nursery - Year 9
학생 나이 (만)	2 - 13세
학생 수	130
학생 국적 수	15개국, 대부분 한국, 일본, 독일과 호주
교과과정	국제 교육
수업 언어	영어
제2외국어	중국어, 일본어, 한국어, 독일어
교사	9명
보조교사	유 - 초등학교 유
각반 정원	6 - 15명
교사 대 학생 비율	1:9
수업시간	8:45 - 3:30
방과 후 활동 After-School Activities-ASA	자전거, 탁구, 태권도, 중국어, 서예, 밴드 등과 같은 방과 후 활동이 월요일, 수요일, 목요일에 제공
학교 의무실	유
학교 버스	유
학교 점심	유
입학 접수비 & 학비	입학 접수비: RMB 2,500 Nursery/Reception: RMB 100,000 Year 1-6: RMB 125,600 Year 7-9: RMB 139,300 Year 10-11: RMB 146,600 Year 12: RMB 161,300
연락처	Regent International Garden, Xing Chuang 4th Road, Wuxi New District, P.R.China 214028 전화: 86 510 8522-5333 / 팩스: 86 510 8181-9196 www.etonhouse-wx.com / Email: enquiry@etonhouse-wx.com

Taihu International School

설립 년도	2000년 3월 31일
승인 & 제휴	IB(International Baccalaureate) PYP, MYP프로그램. 국제학교 위원회 회원(Member of the Council of International Schools-CIS), 서양 학교/대학교 위원회(Western Association of Schools and Colleges-WASC), 교과과정과 교과서 발전 국가센터(National Centre for Curriculum and Textbook Development-NCCT) - 승인 과정 중.
학년	정규학교
학생 나이 (만)	2 - 18세
학생 수	135
학생 국적 수	16개국
교과과정	IB 교과과정
수업 언어	영어
제2외국어	중국어, 한국어, 독일어, 불어
교사	26명
보조교사	7명
각반 정원	16명
교사 대 학생 비율	1:4
수업시간	8:30 - 3:00 PYP / 8:30 - 4:00 MYP
방과 후 활동 After-School Activities-ASA	스포츠, 예술, 공작, 게임과 취미생활
학교 의무실	유
학교 버스	유
학교 점심	유
입학 접수비 & 학비	입학 접수비: RMB 1,000 P1 - P8: RMB 154,440 M1 - D2: RMB 170,940
연락처	Jinshi Road, Binhu District, Wuxi, 214121 Jiangsu Province, China 전화: 86 510 8507-0333 / 팩스: 86 510 8506-3812 www.tis-wuxi.com / Email: office@tis-wuxi.com

★ International School of Qingdao
★ Qingdao No.1 International School of Shandong Province
★ Yew Chung International School of Qingdao

International School of Qingdao

설립 년도	1996년 가을
승인 & 제휴	서양 학교/대학교 연합(Western Association of Schools and Colleges-WASC), ISC회원, ACAMIS회원, ARCOS회원
학년	유치원 - 고등학교
학생 나이 (만)	4 - 17세
학생 수	396
학생 국적 수	14개국
교과과정	미국 교과과정
수업 언어	영어
제2외국어	중국어
교사	45명
보조교사	19명
각반 정원	유치원: 12명, Grade 1-5: 18명, Grade 6-12: 25명
교사 대 학생 비율	1:6.5
수업시간	8:00-3:00
방과 후 활동 After-School Activities-ASA	축구, 체조, 프로젝트, 컴퓨터, 과학
학교 의무실	1 간호교사, 1 의료교사
학교 버스	유 (3개의 캠퍼스 모두 운행)
학교 점심	유
입학 접수비 & 학비	학교에 직접 문의
연락처	Baishan Campus, Shazikou, Dongjiang, Qingdao, Shandong Province 전화: 86 532 8881-5668 / 팩스: 86 532 8881-6792 www.isqchina.com / Email: qmis@qmischina.com

Qingdao No.1 International School of Shandong Province

설립 년도	1998년 (기존이름: Qingdao International School)
승인 & 제휴	서양 학교/대학교 연합(Western Association of Schools and Colleges-WASC), ACAMIS회원, 칭다오 교육부 승인
학년	유치원(Pre-K) - Grade 12
학생 나이 (만)	3 - 18세
학생 수	200
학생 국적 수	23개국, 51% 한국, 20% 유럽, 12% 남미, 7% 중국, 10% 기타
교과과정	미국 교과과정
수업 언어	영어
제2외국어	중국어, 독일어(방과 후 수업)
교사	31명. 대부분 남미출신 교사
보조교사	유 - 초등학교
각반 정원	유치원: 15명, Grade 1-5: 18명, Grade 6-12: 20명
교사 대 학생 비율	1:6
수업시간	8:30 - 3:30
방과 후 활동 After-School Activities-ASA	전 학년에 방과 후 1시간 ASA제공
학교 의무실	1명의 간호교사
학교 버스	유
학교 점심	유
입학 접수비 & 학비	접수비: RMB 20,000 (입학 학생) Pre-K: RMB 92,000 Grade 1-5: RMB 112,000 Grade 6-8: RMB 119,000 Grade 9-12: RMB 130,000
연락처	70 SongLing Road, LaoShan District, Wu Shan Area (inside Qingdao No.2 Middle School), Qingdao, Shandong Province China 266061 전화: 86 532 8890-9802 / 팩스: 86 532 8890-8876 www.qiss.org.cn / Email: admissions@qiss.org.cn

Yew Chung International School of Qingdao

설립 년도	2006년 8월
승인 & 제휴	준비중
학년	ECE K3 & K4, 초등학교, 중학교, 기숙사 선택
학생 나이 (만)	3 - 18세
학생 수	170
학생 국적 수	24개국
교과과정	영국 교과과정, IGCSE(International General Certificate of Secondary Education)
수업 언어	영어, 중국어
제2외국어	영어, 중국어
교사	40명, 2년이상 경력을 가진 교사
보조교사	유
각반 정원	학년마다 다름
교사 대 학생 비율	학년마다 다름
수업시간	8:00 - 3:30
방과 후 활동 After-School Activities-ASA	낚시, 요가, 축구, 탁구, 미술, 체스, 연극, 합창, 음악, 레고, 십자수, 롤러브레이딩, 요리 등
학교 의무실	외부병원 이용
학교 버스	유
학교 점심	유
입학 접수비 & 학비	접수비: RMB 3,000 유치원 K3-K4: RMB 114,000 Year 1-4: RMB 146,000 Year 5-6: RMB 148,000 Year 7-9: RMB 155,000 Year 10-13: RMB 157,000
연락처	(임시 캠퍼스): Building 1 Shiquexiaozhu Villa, 1 Shiquetan Road, Qingdao 전화: 86 532 8687-1122 / 팩스: 86 532 8687-0099 www.ycis-qd.com / Email: enquiry@qd-ycif.com

천진

Tianjin 톈진

- ★ International School of Tianjin
- ★ Tianjin International School
- ★ Tianjin Rego International School

International School of Tianjin (IST)

설립 년도	1994년
승인 & 제휴	준비중
학년	승인: 국제학교 위원회(Council of International Schools-CIS), 서양학교/대학교 연합(Western Association of Schools and Colleges-WASC), 국제 IB (International Baccalaureate Organization-IBO) 회원: 동아시아 국제학교 위원회(East Asia Regional Council of Overseas Schools-EARCOS),
학생 나이 (만)	3 - 18세
학생 수	500
학생 국적 수	27개국
교과과정	IST는 IB프로그램을 운영한다. Grade NPK-Grade5는 PYP 프로그램(Primary Years Programme), Grade 6-10은 MYP 프로그램(Middle Years Programme), Grade 11-12은 IB 디플로마 프로그램(Diploma Programme)를 제공한다.
수업 언어	영어
제2외국어	독일어, 불어, 덴마크어, 중국어, 한국어, 일본어
교사	73명
보조교사	28명
각반 정원	15 - 20
교사 대 학생 비율	1:7
수업시간	8:10 - 3:15
방과 후 활동 After-School Activities-ASA	ACAMIS와 ISAC 교내 스포츠 리그, 모의 UN, 글로벌 이슈 네트워크(Global Issues Network-GIN), 합창과 오케스트라, 자원보호, 학생 위원회
학교 의무실	외부병원 이용
학교 버스	유. 더불어 AEA/SOS병원과 제휴하여, 학생들에게 수업시간 혹은 학교행사에서 발생할 수 있는 응급상황 시 대처방법에 대해 교육한다.
학교 점심	유
입학 접수비 & 학비	접수비: RMB 1,700 Nursery - Grade 12: RMB 52,200 - 165,000 IB Diploma: RMB 1,670 - RMB 5,200
연락처	Weishan Road Shuang Gang, Jin Nan District, Tianjin - 300350, P.R.China 전화: 86 22 2859-2001 / 팩스: 86 22 2859-2007 www.istianjin.net / Email: info@istianjin.net

Tianjin International School

설립 년도	1986년 8월
승인 & 제휴	동아시아 국제학교 위원회(East Asia Regional Council of Overseas Schools-EARCOS), 서양 학교/대학교 연합(Western Association of Schools and Colleges-WASC), 교과서/교과과정 중국국가센타(National Center for Textbook and Curriculum-NCCT)
학년	종일학교
학생 나이 (만)	3 - 18세
학생 수	428
학생 국적 수	62% 한국인과 이외 15개국 학생들
교과과정	북미 교과과정
수업 언어	영어
제2외국어	중국어, 불어
교사	
보조교사	22명
각반 정원	유치원: 16명, 초등학교: 22명, 중학교: 24명
교사 대 학생 비율	1:7
수업시간	8:00 - 3:00
방과 후 활동 After-School Activities-ASA	농구, 축구, 배구, 모의 UN, 드라마, 체스, 밴드
학교 의무실	유
학교 버스	유
학교 점심	유
입학 접수비 & 학비	RMB 29,700 - RMB 179,305
연락처	1 Meiyuan lu, Huayuan Industrial Area, Nankai District, Tianjin 300191 전화: 86 22 8371-0900 / 팩스: 86 22 8371-0400 www.tiseagles.com / Email: school@tiseagles.com

Tianjin Rego International School

설립 년도	2001년 9월 1일
승인 & 제휴	캠브리지 대학 국제시험(University of Cambridge International Examinations, Edexcel
학년	Nursery - Year 13
학생 나이 (만)	3 - 18세
학생 수	260
학생 국적 수	8개국
교과과정	영국 교과과정
수업 언어	영어
제2외국어	중국어, 불어, 스페인어
교사	34명
보조교사	6명
각반 정원	15명
교사 대 학생 비율	
수업시간	8:30 - 4:30
방과 후 활동 After-School Activities-ASA	다양한 방과 후 활동제공
학교 의무실	유
학교 버스	유
학교 점심	유
입학 접수비 & 학비	입학 접수비: RMB 2,000 Year 1-6: RMB 163,000 Year 7-11: RMB 173,000 Year 12-13: RMB 184,000
연락처	38 Huandao Donglu, Meijiang Nan Residence Zone, Tianjin 전화: 86 22 8816-1180 / 팩스: 86 22 8816-1190 www.regoschool.org / Email: admissions@regoschool.org

Guangzhou 광저우

- ★ Clifford School (International Program)
- ★ Guangzhou Huamei International School
- ★ Guangzhou Nanhu International School
- ★ The British School of Guangzhou

Clifford School (International Program)

설립 년도	1998년
승인 & 제휴	캐나다 - 매니토바 주 (Province of Manitoba)
학년	유치원 - Grade 12
학생 나이 (만)	6 - 19세
학생 수	305
학생 국적 수	22개국
교과과정	캐나다
수업 언어	영어
제2외국어	중국어, 불어
교사	25명, 8명의 중국교사
보조교사	8명
각반 정원	22 - 27명
교사 대 학생 비율	1:13
수업시간	8:40 - 4:20
방과 후 활동 After-School Activities-ASA	스포츠 프로그램 7-12, 미술, 수학, 독서, 학생 위원회, 실용예술(음악, 댄스, 연극), 체스, 스쿼시, 수영, 과학, 졸업앨범 등
학교 의무실	유 - 학교 보험 프로그램
학교 버스	유
학교 점심	유
입학 접수비 & 학비	입학처에 문의 - 학년, 기숙사와 프로그램에 따라 다름
연락처	Clifford School, Clifford Estates, Panyu, Guangzhou 전화: 86 20 8471-1441 / 팩스: 86 20 3477-4263

Guangzhou Huamei International School

설립 년도	1993년 6월 19일
승인 & 제휴	무
학년	유치원 - 고등학교 (기숙사)
학생 나이 (만)	2 - 16세
학생 수	2600
학생 국적 수	30개국
교과과정	중국 교과과정과 온타리오 교육부에서 집성한 온타리오 고등학교 영어과정
수업 언어	영어, 중국어
제2외국어	영어, 중국어
교사	학사이상의 학력으로 경력이 많은 다수의 교사
보조교사	무
각반 정원	35명
교사 대 학생 비율	무
수업시간	무
방과 후 활동 After-School Activities-ASA	킥복싱, 축구, 농구, 테니스, 피아노, 발레, 중국 고전화 등
학교 의무실	유
학교 버스	유
학교 점심	유
입학 접수비 & 학비	학교에 문의
연락처	전화: 86 20 8706-5178 / 팩스: 86 20 8721-0372 www.hm163.com Email: Fu_jh@tom.com

Guangzhou Nanhu International School

설립 년도	2003년 3월 31일
승인 & 제휴	캠브리지 대학 국제센터(University of Cambridge as a Cambridge International Center), Edexcel 국제센터
학년	유치원 - Year 13
학생 나이 (만)	3 - 18세
학생 수	140
학생 국적 수	20개국
교과과정	영국 교과과정 - IGCSE, A-levels 포함
수업 언어	영어
제2외국어	중국어, 아랍어
교사	23명
보조교사	3명
각반 정원	12-15명
교사 대 학생 비율	1:6
수업시간	8:30 - 3:30
방과 후 활동 After-School Activities-ASA	다양한 클럽과 스포츠
학교 의무실	유
학교 버스	유
학교 점심	유
입학 접수비 & 학비	접수비: RMB 1,000 Reception: RMB 73,000 Year 1: RMB 76,750 Year 2-6: RMB 84,560 Year 7-9: RMB 104,760 Year 10-11: RMB 107,650 Year 12-13: RMB 121,550
연락처	55, Huayang Street, Tiyu Dong Lu, Tianhe District, Guangzhou 전화: 86 20 3886-6952 / 팩스: 86 20 3886-3680 www.gnischina.com Email: admissions@gnischina.com or gnis.hr@gmail.com

The British School of Guangzhou

설립 년도	2005년
승인 & 제휴	영국 학교 그룹(British School Group), FOBISSEA와 COBIS
학년	유치원 - GCSE
학생 나이 (만)	2 - 14세
학생 수	300
학생 국적 수	30개국
교과과정	영국 교과과정
수업 언어	영어
제2외국어	중국어
교사	25명
보조교사	25명
각반 정원	20명
교사 대 학생 비율	1:10
수업시간	8:45 - 3:30
방과 후 활동 After-School Activities-ASA	유
학교 의무실	전 교직원이 응급치료 교육을 받음
학교 버스	유
학교 점심	유
입학 접수비 & 학비	Reception: RMB 122,265 Year 1-6: RMB 142,215 Year 7-9: RMB 149,625 Year 10-11: RMB 158,888 Year 12: RMB 170,715
연락처	983-3, Tonghe Road, Nanhu, Guangzhou, Guangdong Province 510515, China 전화: 86 20 8709-4788 / 팩스: 86 20 8709-8248 www.bsg.org.cn / Email: info@bsg.org.cn